Ludolf Wienbarg

Tagebuch von Helgoland

Ludolf Wienbarg

Tagebuch von Helgoland

ISBN/EAN: 9783959130356

Auflage: 1

Erscheinungsjahr: 2016

Erscheinungsort: Treuchtlingen, Deutschland

Literaricon Verlag UG (haftungsgeschränkt), Uhlbergstr. 18, 91757 Treuchtlingen. Geschäftsführer: Günther Reiter-Werdin, www.literaricon.de. Dieser Titel ist ein Nachdruck eines historischen Buches. Es musste auf alte Vorlagen zurückgegriffen werden; hieraus zwangsläufig resultierende Qualitätsverluste bitten wir zu entschuldigen.

Printed in Germany

Cover: Oberland von Helgoland, 1826, unbekannter Maler

Tagebuch

von

HELGOLAND

von

Ludolf Wienbarg

Neystack — Mönch

HAMBURG
bei Hoffmann & Campe
1838.

Vorwort.

Was suche ich auf Helgoland? Die Apotheke des Wassers? Ich bedarf ihrer nicht. Die Einsamkeit des Felsens? Sie ist sehr getrübt durch die Badegesellschaft, und, wo bin ich einsamer, als wo ich eben wandele. Oder suche ich das Meer, das sich endlos vor meinen Blicken ausdehnt? Ach, meine Augen sehen überall das unbegrenzte trübe Bild der Welt, meine Gedanken flattern in der Unendlichkeit des Alls und finden nirgends einen seligen Punkt der Ruhe. Was ist es denn, das mit unwiderstehlicher Gewalt mich nach diesem öden Raume treibt? Eine Kaprice? Ich glaube beinahe, aber keine von den räthselhaften oder kindischen, welche den Leichtsinn glücklicher Tage bezeichnen. Ich suche eine Handweit Erde außer dem festen und gefesteten Europa, eine Lagerstätte unter den Menschen der fluthenden Wildniß, den Sturm, der allmählig schrillend die trägen Wellen vor sich aufrollt, vor allen Dingen die stürzende Brandung, die mich von dem Athem der Verhaßten reinigen wird. Ich weiß nur zu gut, warum mir diese Reise ein Bedürfniß wird. Hundertarmig gefaßt, tausendmündig verleumdet entreiße ich mich dem Gefühle der Ohnmacht und eines ohnmächtigen Grolles, das den freien Flug meiner Seele zu vernichten droht. Ich würde mich in die Wälder von Amerika flüchten und die einsam schallende Art meiner ausgewanderten Brüder mit dem Schlage der meinigen akkompagniren. Meine Arme sind stark und ich scheue weder den Thau des Morgens, der meine Füße netzt, noch den Thau der Arbeit, der von der gefurchten Stirn rinnt. Aber ich erschrecke vor dem Gedanken geistiger Verblutung. Ich bin zu innig verwachsen mit dem Herzen meines Volkes, um nach dem ewigen Risse der Trennung mehr als ein trauriger Schatten zu sein. Ein Volkslied, das um die Ecke verhallt; ein Ade, das auf dem Wasser stirbt.

Meine Reise ist eine Flucht, und meine Flucht eine Täuschung. Sei's. Eine breite Strömung der Nordsee wird zwischen mir und Deutschland rollen, ich werde monatelang, vielleicht jahrelang das abgeschnittene trotzige Leben eines Insulaners führen. Der Felsen von Helgoland soll meine Schweizer Alpe sein, eine Fischerhütte meine Sennhütte, das Meer mit dem springenden Delfin mein Hirtenthal. Und ich tausche noch nicht diesen zerbröckelnden,

meerumspülten Sandfelsen mit den himmel=
hohen Granitblöcken der Schweiz. Da oben
brüllt der Stier von Uri, so lange er Futter
hat; aber er wird fromm und still, wenn die
Nachbaren ihm mit Entziehung des Heuschobers
drohen. Nirgends in der Schweiz, weder über
noch unter den Wolken, das himmlische Gefühl,
unverletzlich zu sein durch das hei=
lige Recht der Gastfreundschaft. Man
ist so schwach, allein, verlassen, im Dunkeln
der Gewalt gegenüber, wenn nirgends eine Säule
des Rechts, ein Altar des großen Menschenbun=
des zum Umklammern sich darbietet! Sie ho=
len dich von der höchsten Alpenspitze herab, sie

vertreiben dich vom schneeigen Busen der Jungfrau. Nur da, wo Englands stolze Flagge weht, kannst du ruhig dein Haupt niederlegen.

Curhaven paſſirt. Das Boot arbeitet gegen den Wind, die Paſſagiere machen geiſterhafte Geſichter, in der Mitte des Verdeckes arrangirt ſich auf dem glatten Fußboden ein Damen=Laza= reth. Ein junger Elegant, der in meiner Nähe balancirt, fährt noch immer fort, die Arie aus der Stummen von Portici zu pfeifen, Maſaniello in der Wahnſinnsſcene kann ihn zum Muſter neh= men. Kamerad, ſchweig ſtill! Vergebens! Er muß die hohe Braut des Meeres heimführen.

So viel ich kann, will ich auf Helgoland die Geſellſchaft meiden. Mit dem Felſen und ſeinen Kindern will ich vertrauter werden, als einer vor mir.

Helgoland durch ein Fernrohr betrachtet. Die Landungsseite hat nichts Imposantes. Ein großer Fleischerklotz, oder, wenn man poetischer reden will von Fosetes heiligem Lande, ein ungeheurer plumper Altar, an den Seitenwänden mit falbem Blute getüncht und mit den Eingeweiden der Opferthiere streifenweise überzogen.

Es war schon dunkel, als das Dampfboot unter Helgoland vor Anker ging. Die Felsmasse schien nur ein Stück schwärzerer Nacht zu sein, die Lichter in der Tiefe und in der Höhe phosphorische Erscheinungen, im Fluge gebannte Leuchtkäfer.

Dieses junge Kind mit dem Rubine auf der blassen Stirne hat mich gedauert. Unschuldigerweise mußte sie einem jungen Studenten ähnlich sehen und ähnlich fühlen, der nach bacchantischem Fuchsschmause auf die Streu gelegt wird.

Seekrank bin ich nicht geworden, weil ich

nicht wollte. An Einladungen fehlte es nicht, ich wies sie aber muthig zurück. Fester Wille hat mich auf allen meinen Seereisen davor geschützt. Sonst bin ich ein schwacher Mensch, wie jeder andere, bis auf den Ehrgeiz, die Schwäche meiner Umgebungen an mir zu besiegen.

Kein schöneres Bild als jener Knabe von sechs Jahren, der mit blühenden Wangen und kirschroth knospenden Lippen in einem korbartig zusammengelegten Schiffstaue lag und schlummerte. Der Wind blies ihm die Locken in's Gesicht und er lächelte hinter dem blonden Gehänge; es war gar hübsch.

Diese Ausschiffung war tumultuarisch und nicht uninteressant. Ich verglich sie mit der Abzapfung einer brausenden gährenden Flüssigkeit aus einer großen Tonne in Henkelkrüge. Ein Menschenstrom nach dem andern wurde aus dem Dampfboote in große Schaluppen übergefüllt und auf tanzender Welle nach dem Ufer gerudert.

Aber unsere Sachen, Herr Kapitain! Unsere Sachen! — Sie kommen nach. Ein Beamter der Badedirection nimmt sie am Lande in Empfang und liefert sie Ihnen aus, Stück für Stück. — Aber wir haben keine Marken? — Wozu das? Ein jeder reklamirt sein Eigenthum. — Wenn aber der falsche Moses Meier Seligman früher reklamirt als der ächte? schrie einer von dieser Firma. — Unbesorgt! auf Helgoland weht ehrliche Luft, das Terrain ist zu klein für ausgreifende Genies.

Demungeachtet trugen und schleppten mehrere Herren ihre Reiseeffekten mit sich die Schiffstreppe hinab, zur großen Belästigung derjenigen, welche mit in ihrem Boote saßen.

Wie viel nehmt ihr für das Ansetzen? fragte mein dicker Nachbar die Helgolander, die neun oder zwölf Mann hoch die mächtigen Ruder schwangen.

Zwölf Schillinge die Person, antwortete einer

der Gefragten, in ziemlich gutem Hochdeutsch, aber etwas heftig und gaumenlautig nach Art der Frisen.

Zwölf Schillinge? das ist unverschämtes Geld.

Das Gepäcke mit eingerechnet, lieber Herr.

Wenn auch. Es bleibt unverschämtes Geld. Wie könnt ihr für eine so kurze Strecke zwölf Schillinge verlangen.

Wir verlangen sie nicht, die Taxe verlangt sie für uns, erwiderte der gekränkte Helgolander mit einer zugleich bescheidenen und energischen Wendung.

Gut denn. Die Taxe ist unverschämt.

Es sind an zehn Minuten zu rudern, Herr, und das Geld vertheilt sich in viele Hände.

Aha, das begreift sich. Aber ich sage euch, es macht Helgoland keine Ehre, seine Gäste so schändlich zu prellen. Was sagen Sie, meine Herren? Ist es nicht unerhört, daß —

eine hohe Welle spritzte über Bord und spülte

ihm die weitere Rede von den Lippen. Er spuckte aus und schwieg. Ich finde, sagte ich, die Wellen höher als die Taxe.

Der Felsen ist von dieser Seite mit einem behäuserten Uferlande garnirt, ein wenig auflaufend gegen die Felsenwand und besonders gegen die Treppe, welche an derselben hinaufführt. Zahlreicher sind die Wohnungen auf dem Plateau des Felsens, die aber nur Fremde mit dem Namen einer Oberstadt bezeichnen und sie „der Unterstadt" entgegensetzen. Die Helgolander sprechen nicht so. Sie sagen Oberland und Unterland, und ihre Insel nennen sie kurzweg das Land. So fahren sie „vom Lande" nach Hamburg und von Hamburg zurück nach „dem Lande". Dieses wußte ich schon als Student aus den Erzählungen eines Freundes, der von „dem Lande" gebürtig war. Aber ich erklärte ihm schon damals, daß ich sein Unterland nicht anerkenne, nämlich als Poet nicht, denn als solcher wünsche und wolle ich unmittelbar an der untersten schaumbespülten Treppenstufe des Felsens anlanden. Er pflegte indessen sehr hartnäckig auf dem Gegentheile zu bestehen, theils als Helgolander, der jeden Quadratfuß seines kleinen Landes schon als Kind mit seinen eignen Füßen bedeckt und lieb gewonnen hat, theils aus besondrer Anhänglichkeit an die Hütte seiner Geburt, die sich an die untere Wand des Felsens lehnt und die er um keinen Preis mit den benachbarten Häusern, Wohnhäusern, (Packhäusern, Schiffsbuden,) Schmiedeessen und mit der Bindfadenallé, wie die baumlosen Helgolander witzig ihre Reeperbahn nennen, meinem poetischen Radikalismus ausliefern wollte.

Ich hatte mir in der That vorgenommen, dem Unterlande von Helgoland nur den unwilligen Tribut meiner übergeilenden Schritte zu zollen und mich gleich nach dem Oberlande zu begeben. Aber das Schicksal wollte es anders. Während meine Psyche schon die erleuchteten Stufen der

Treppe vor mir hinaneilte, ward ich unmittelbar vor der offnen Thüre des ersten Hauses zum Verräther an ihr und ging in das Haus hinein oder vielmehr ward in dieses Haus an der Nase hineingezogen. Durch eine fremde Gewalt, unsichtbar, gestaltlos, durch den Küchenduft, der mich anwehte. Ich kann bei dieser Gelegenheit meine unverzeihliche Schwäche nicht verdammen, ohne zugleich als Ankläger gegen die Küche „des Patrioten" aufzutreten. Die vierzehn Reisestunden desselben waren eingetheilt gewesen in sieben fette und sieben magere Stunden. In den erstern konnte man was zu essen bekommen, in den letzteren wenig oder nichts. Unglücklicherweise fiel mein Appetit in die magere Periode, so daß ich der Seeluft, die an mir zu zehren anfing, vertheidigungsweise nur ein kleines schlechtes Stück Beefsteak vorsetzen konnte und in kurzer Zeit meiner Feindin bloß gestellt wurde. Ich empfand also was man eine Vorbereitung zum Essen, eine Einlabung auf die kräftigsten Speisen, und in meinem Fall eine patriotische Anweisung der Küche des Dampfbootes auf die Küche der Madame Mohr nennen kann.

So heißt nämlich die Wirthin des Gasthauses, in das ich hineinging. Alles fand ich elegant und auf städtischem Fuße eingerichtet. Nichts Insulanisches als die reine Seeluft und die Frauenzimmer, die mir auf der Flur und im Billardzimmer begegneten. Die Wirthin, eine imposante Figur mit kommandirenden klugen Augen, breiter Stirn, den Kopf von einem seidnen turbanähnlichen Tuche umschlungen, einen schimmernd rothen Rock um die Hüften. Doch ist sie, höre ich, keine geborene Helgolanderin, sondern aus der nördlichen Marsch, aus Husum, worauf auch ihr stärkeres Embonpoint und ihre gleichsam kontinentale Gestalt hinzudeuten schienen. Die Töchter in blühendster Jugend, städtisch gekleidet; die Mägde schlanke Helgolanderinnen in

Turban und rothem Pi. Eine durchaus anmuthige, fremde und malerische Staffage in moderner und bekannter Wirthschaftsumgebung, eine Vermischung des Pikanten mit dem Komfortablen.

Ich erkundigte mich nach F. Er war auf Helgoland und sogar den Augenblick in nächster Nähe, im Salon des Conversazionshauses, wo ihn jemand gesehen. Ich ließ ihn zu mir bitten und in wenigen Augenblicken lag mir der alte treue überraschte Freund in den Armen. — Ich vergaß meinen Hunger und das Abendessen, das in einem obern Zimmer bereitet wurde und seinem Hauptbestandtheile nach aus frischen Schellfischen bestand. Wir plauderten und wischten mit einem Glase Punsch von alten Erinnerungen den Schimmel ab.

Als F. wegging, war ich nur müde und suchte mein Bett. Die Wirthin hatte mir im Gedränge das letzte noch unbesetzte Zimmer überlassen und ich begab mich mit schläfernden Augen und brennendem Lichte nach der bezeichneten Nummer. Allein sie war schon besetzt und gewonnen, ein fremder Herr lag in meinem Bette. Ich war erstaunt und auch die Wirthin war erstaunt und versicherte mich, von nichts zu wissen. Ich hielt darauf geheimen Kriegsrath mit mir selbst: soll ich den Usurpator, der da drinnen ganz vernehmlich und mir gleichsam zum Hohne ruhig schnarcht, belagern und austreiben oder nicht. Meine Langmuth kam mir lächerlich vor, ich sollte ihn, dachte ich, wenigstens aus dem Schlafe, wenn auch nicht aus den Federn reißen, bloß um ihm meine himmlische Großmuth fühlbar zu machen und ihm mit der freundlichsten Stimme in der Welt eine gute wohlschlafende Nacht zu wünschen. Allein ich ärgerte mich nur und that keins von Beidem. O du falsches Lager von Helgoland! Mein Verdacht fiel sogar auf die Wirthin, ich hörte ihre Entschuldigungen mißtrauisch an, ich bürdete ihr einen Zufall auf, den die plötzliche Ankunft so vieler Gäste so leicht herbeiführen konnte, und dies um so mehr, als meine Sachen noch auf dem Bureau sich befanden und das mir angewiesene Zimmer keine Spur früherer Beschlagnahme verrieth. Statt mich zu ärgern, hätte ich mich stillschweigend vor der Nemesis beugen sollen, die mir in dieses Haus nachgeschlichen war. Ich höre jetzt, daß ein preußischer Justizbeamter sich in mein Zimmer verirrte. Da haben wir es, die Nemesis hat sich in der Maske der preußischen Justiz zwischen meine Bettlaken gelegt. Warum verrieth ich meine Psyche!

Nichtsdestoweniger habe ich die Nacht geschlafen und zwar sehr gut. Ein junger Helgolander, Herr Buse, war bei meiner Verlegenheit zugegen und bot mir freundlichst ein Nachtquartier in seinem eigenen Hause an. Wir gingen miteinander durch die finstere Nacht, unweit des rauschenden Gestades, wo sein Häuschen am äußersten Flügel der Wohnungen des Unterlandes steht, mit freier

Aussicht nach dem Meere und den Vorsprüngen des Felsens.

Mit freundlichen Worten führte mich der junge Mann in seine Wohnung, wies mir ein niedliches Schlafzimmer an und überließ mich mit einer herzlichen guten Nacht der Einsamkeit und dem dunkeln Geräusche des Meeres, das in langsamen breiten Wellenschlägen an das benachbarte Ufer rollte. Es war die erste Nacht seit Jahren, daß meine Seele wieder mit ganzen, großen unbelasteten Flügeln den fernen Ufern des Traumes zueilte. Ich weiß nicht wie mir geschah. Ich verwandelte mich in alle Gestalten und Elemente der Welt und suchte, wie es schien, in träumerisch grotesken Bildern das Räthsel meines Daseins auszusprechen. Das rollende Meer schien mir die rollende Zeit und die Zeit verschlang mich und wieder verschlang ich die Zeit als kristallene Urne, durch welche sie hindurchfloß.

Mein erster Blick beim Erwachen fiel auf die

röthliche, graugeſtreifte Felſenwand, welche ſich auf das gaſtliche Dach, unter dem ich die erſte Nacht auf Helgoland zubrachte, drohend herabzuſenken ſchien. Es war ſchon ſpät und ich fuhr raſch in die Kleider, ſagte meinem Wirthe guten Morgen, lernte ſeine Familie kennen, beſah mir das hübſch eingerichtete kleine Haus, unter deſſen Ameublement auch ein Fortepiano nicht fehlte, frühſtückte und eilte ins Freie.

Die Lokalitäten dieſer Felsſeite ſpringen gleich mit einemmale deutlich ins Auge. Das ſogenannte Unterland füllt einen Theil einer kleinen Bucht, der einzigen, welche Helgoland beſitzt, gebildet und geſchützt durch die vortretende ſüdliche Wand des Felſens, deren äußerſte Spitze das Südhorn oder im Helgolandſchen Sathorn genannt wird. Ohne dieſe Brüſtung würde das Unterland nicht exiſtiren und die auffluthende Welle unmittelbar an den Felſen ſchlagen, welche jetzt nur den Saum ſeines erhabenen Fußes be-

netzt. In den beiden vor West= und Nordstür=
men gesicherten Fischerhaven liegen die Fahrzeuge
der Helgolander vor Anker, meist in unruhi=
ger Bewegung gleich angebundenen ungeduldig
schauernden Rossen, die Gebiß und Zügel mit
Schaum bedecken. Diese Hafen sind nur ge=
trennt durch eine schmale Erdzunge, die nach der
gegenüberliegenden starkumbrandeten Düne hin=
zeigt.

Der Felsen senkt sich in seinem Schichtenbau
nach Osten, wohin er schräg abläuft, so daß die
westliche und nordwestliche Seite desselben die
höchste ist. Diese Gestalt wird er behaupten
noch in dem letzten Runensteine, der von ihm
über den Wellen einst heraussehen wird. Ich
verglich ihn gestern mit einem Opferaltare, aber
er ist beides zugleich, Altar und Opfer, und wird
vielleicht früher noch durch Luft, Sonnenschein
und Welle zerstört werden, als die Naturforscher
ihn klein kriegen.

Als ich heute an ihm hinwandelte, verglich ich ihn mit einer kolossalen steinernen Sphinx, die in der Wüste des Meeres liegt, mächtige Tatzen in den Sand klammernd, weitumherschauend mit uraltem angewittertem Haupte, allen Vorüberfahrenden das gefährliche Räthsel ihres Daseins aufgebend. Es war ein heißer Tag für mich und für die alte Sphinx, denn die jungen Sonnenstrahlen sogen nur zu kräftig an ihren Brüsten und dehnten ihre noch immer quellenreichen und vom Himmel selbst getränkten Adern aus. Die Folgen dieser Erhitzung sah ich gleich mit eigenen Augen, denn es löseten sich große Stücke vom Felsen ab und fielen krachend und polternd an der steilen Wand herunter. Dies geschah gerade, als ich die Treppe hinaufging, und verursachte einer ältlichen Dame einen solchen Schreck, daß sie in Versteinerung übergegangen zu sein schien und mit offenem Munde nach der Scene des Verderbens hinschaute. Diese lag aber ziemlich seitab, und überhaupt läuft man auf der Treppe keinerlei Gefahr, außer der ominösen.

Hab' ich's denn als ein böses Omen zu betrachten, daß eine alte furchtsame Frau die erste war, die mir auf der Treppe begegnete? Dann hoffe ich etwas von der Contrebalance einer jungen ausnehmend zierlichen und schlanken Helgolanderin, welche die zweite Begegnerin war. Eine Botin des Helgolander Himmels, die auf dem höchst bequemen dreigezackten hölzernen Blitzstrahle der Helgolander Treppe herabfuhr, oder, die Wahrheit zu sagen, herabtrippelte mit sehr züchtigem Schritte, im Sonntagsputze, das Gesangbuch in der Hand, eine Rosenknospe vor der Brust. Was haben diese Mädchen für stolze feingebogene Nasen. Das ist mir am meisten aufgefallen. Von ihren Augen verstehe ich noch nichts.

Oben ging ich zuerst am Falm oder an der

Brustwehr entlang, welche, soweit die Häuser reichen, an dem Rande des Felsens aufgezimmert ist. Die belebteste und wegen der freien Aussicht auf das Meer schönste Gasse auf Helgoland. Hier steht das weiß und weit schimmernde Hotel von Franz, das mir sehr empfohlen und das ich beziehen würde, wenn ich nicht eine althelgolandische Hütte und die Einsamkeit vorzöge.

Langsam auf diesem Wege fortschreitend kam ich an das letzte Haus, hinter welchem die Welt mit einer Planke vernagelt ist. Doch stand ein Pförtchen offen und ich blickte neugierig in die grüne Fortsetzung von Helgoland hinaus, bis dahin, wo auch diese ein Ende nimmt und das Reich der Lüfte sich entfaltet, einen Zwischenraum, den ich dann mit einigen hundert königlichen Schritten durchmaß, bis zur äußersten festen Grenze, wo das Sathorn, kühn und wild über das blaue Meer hinausragend, dem Throne des Königs von Thule gleicht. Hier, rief ich aus,

Hier stand der alte Zecher,
Trank neue Lebensgluth
Und warf den goldnen Becher
Hinunter in die Fluth.

Was mich betrifft, so hatte ich im Augenblick nichts zu trinken als die Luft, und nichts zu werfen als meine Phantasieen. Aber die Luft war golden, frisch und feurig wie Rüdesheimer und Johannisberger, kühlend zugleich und erhitzend, herzberauschend, geistvernüchternd, und ich trank sie ein in vollen Zügen und sang, was mir jetzt wunderbar erscheint, im höchsten Vollgenusse dieses Augenblicks jauchzend mein Sterbelied hinunter in die Fluth.

Es war ein lachender Morgen, wenn anders dieser Ausdruck nicht zu sehr an die lachenden Morgen der Kornfelderpoesie erinnert. In der That finde ich ihn unwürdig, um die erhabene Heiterkeit und den grenzenlosen Glanz eines Morgens im Schooße der Nordsee zu bezeichnen.

Gott! deine Sonne strahlte mit unendlicher Freudigkeit von deinem Himmel herab; dein riesiges Meer spielte mit sich selbst und mit den Kindern der Sonne, die von Welle zu Welle schlüpften und sich mit der schüchternen grünen Farbe zitternd und ringend zu vermählen trachteten. Deine Welt war aufgelöset in ihre reinsten Elemente, in Feuer, Luft und Wasser, nur die Erde fehlte und mit ihr alles, was mich an Irdisches erinnerte; denn jener letzte feste Punkt, an welchen ich selbst noch geheftet war, schien mir nun nicht mehr der Thron eines Königs, sondern der steinerne Sarkophag zu sein, auf welchem ich ausgestreckt lag und über Tod und Leben lächelte.

Ich habe mich in dem Oberstübchen eines kleinen Hauses eingemiethet, es steht etwas zurückgezogen von dem Gäßlein, einige hundert Schritt von dem Leuchtthurme entfernt. Franziskus, der auf der Insel jedes Hühnchen und jedes Hähnchen kennt, hat mich hierher geführt, eine alte arme Witwe ist die Besitzerin und sie hat noch niemals einen Badegast im Logis gehabt. Beides zog mich an. Ich bringe ihr eine unverhoffte Freude ins Haus und finde noch eine eigenthümliche von Fremden unberührte Welt. Ihr Mann ist seit zwanzig oder dreißig Jahren todt, er war ein Lootse und Fischer. In dieser langen Zeit krüppelte sich die Alte ehrlich hindurch. Ihr Mann hinterließ ihr das Häuschen im Oberlande und eine hölzerne Bude im Unterlande, von welcher sie die Miethe zog, bis dieselbe in baufälligen Zustand gerieth und abgebrochen wurde. Auch trieb sie einen kleinen Kram, ein Geschäft, welches die Helgolander in früherer Zeit ihren Witwen überließen, was in der That sehr lobenswerth und sowol ein Zeichen ihres wohlthätigen Sinnes als ihres männlichen Stolzes war. Als aber die lebhafte englisch-französische Periode für die Insel anbrach, wurde dieser Verdienst den Witwen sehr geschmälert und es erstand eine neue Generation von Helgolandern, welche Caffe wog, Tabak und Lichter verkaufte und statt der Boussole auf wogendem Schiffe die blecherne Ritze der Tombank mit den Augen bewachte. Auch meine Witwe kam dadurch herunter, sie verlor ihre Kunden und ihre kleine Einnahme und mußte das Geschäft fahren lassen. Ein Sohn, der einst die Stütze ihres

Alters werden sollte, war in kräftigster Jugend zu Schiff gegangen und nicht zurückgekehrt. Womit sie sich in so langer Zeit allein und verlassen genährt, ihr Haus und sich selbst in gutem Zustande erhalten, wußte sie kaum selber zu sagen. Ein Schaaf versorgte sie mit Milch, es weidete mit den anderen auf dem Felsen, und ihre Nichte ging jeden Tag hinaus, um es zu melken. Außer diesem Reichthum besaß sie noch einen Hühnerstall mit einem Halbdutzend Bewohnerinnen und dem Stallherrn, sämmtlich, wie auch größtentheils das Schaaf, mit den Gräten gedörrter und gesalzener Fische ernährt, welche letztere ihre eigene tägliche Nahrung ausmachten. Ich vergesse aber ein kleines Streifchen Land, das ihr ebenfalls zugehörte und ihr Streu für die Hühner und für das Schaaf in Winterszeit, wie auch Kartoffel und einiges Gemüse auf ihren Tisch lieferte. Baares Geld bekam sie nicht oft zu sehen, aber es wohnt seit einiger Zeit ein Jung=

geselle unter ihrem Dache, dem sie das Essen bereitet und von dem sie eine bescheidene Miethe zieht, so daß sie bei meiner Ankunft schon in einem behaglicheren Zustande lebte. Trotz ihrem hohen Alter ist meine Myrtill noch roth und frisch. Das Rührendste ist ihre unversiegliche Hoffnung, ihren Sohn noch einmal wiederzusehen und sich von ihm die Augen zudrücken zu lassen. Seine Sonntagskleider hangen noch immer im Schranke, neu und fein, wie die Lootsen sie tragen, er mag nur kommen, zerlumpt wie er will, er kann gleich mit den übrigen Männern stattlich in die Kirche schreiten. Auch sind die Kisten voll schöner Leinwand, für ihn gesponnen und gebleicht und ihm die schönsten Hemden versprechend — wenn er nicht schon längst in grobes Sacktuch eingenäht, irgendwo auf dem öden Grunde des Meeres ruht! Arme Myrtill!

Da wohne ich nun im beschränktesten Raume mit der alten Frau zusammen. Sie hat jetzt ihre Nichte ins Haus gezogen, die mir aufwarten soll. Dieses ist mir aus keinem anderen Grunde lieb, als aus Rücksicht für das Mütterchen, ich werde ihr nun weniger beschwerlich fallen.

Als ich die Treppe hinankletterte, dachte ich gleich, sie ist so recht dafür gezimmert, um störenden Besuch abzuweisen. In der That gleicht sie mehr einer Schiffsleiter als einer Treppe. Auch mein Zimmerchen scheint nach dem Modell einer Cajüte gebaut zu seyn. Zur rechten Hand zwei Kojen oder Alkoven, auf der inneren Seite mit schrägelaufenden Brettern eingefaßt, wie das angrenzende Dach es nöthig machte. Die Wände rund herum mit blaßgeblümten Fliesen ausgesetzt, die Decke so niedrig, daß ich sie mit der Hand erreichen kann. Schränke in der Wand, in der Ecke ein pyramidalischer Aufsatz, auf wel=

chem Kannen, Gläser und Tassen stehen. Auch entdeckte ich auf zwei Latten, die unter der Decke befestigt sind, ein längliches Futteral in Schlangen- oder Fischhaut, enthaltend ein Fernrohr, das seit dem Tode seines Besitzers unberührt und wohlbestäubt an seiner Stelle geblieben war. Hat er sich doch schwerlich träumen lassen, daß ein Doktor der Philosophie von seinem Stübchen aus, von diesem „Alterthumsstübchen", wohin er sich nach der Sitte des Ländchens in seinen alten Tagen mit der Frau zurückzuziehen gedachte, indem er sein Geschäft und den unteren Theil des Hauses dem rüstigen Sohne überließ, sein Fernrohr vor die Augen nehmen und in die kleine Oeffnung See hinausschauen würde, welche sich dort unten, zwischen den benachbarten rothen Dächlein, vor mir aufthut.

Ich fühle mich ein wenig beengt, kann's nicht läugnen. Und doch liegt ein heimlicher Reiz in dieser traulichen sicheren Enge die rings herum von Gefahren, Klippen, Stürmen, Wogen umschauert ist. Ich versetze mich in das Gefühl der Helgolander und aller Seeleute, die eine kleine und beschränkte Wohnung weitläufigeren und bequemeren Baulichkeiten vorziehen; nicht immer weil sie arm sind und nichts Besseres haben können, sondern aus seemännischem Geschmacke und weil es ihrem Gewerbe besser entspricht. Weite Kleider und enge Häuser ist Seemannsart. Die größte Unbequemlichkeit ist ihnen keine, da sie vom Schiffe her an diese gewöhnt sind. Mit ihren eckigen, kurzen, abgebrochenen Bewegungen, ihrem schmiegsamen Körper, ihrem aufgehobenen, balancirenden Fuße, ihrem geduckten Kopfe harmoniren diese Räume, die ihnen etwas zu klettern, zu schmiegen, zu wenden und zu bucken geben. Ueberall aber kann man die Erfahrung machen, daß Menschen, die sich weidlich draußen umhertummeln und sich kühn und unverdrossen den Strömungen der

Welt aussetzen, gern in friedlicher Enge häuslich ausruhen. Das ganze Alterthum war ein solcher Lebensschiffer, und der Römer, dessen Schwerd an den Enden des bewohnten Erdkreises funkelte, war in der blühendsten Periode seiner Kraft so knapp eingehäuset, wie sein Degen in der Scheide. Was die Helgolander betrifft, so sind sie freilich gegenwärtig in die gewinnreiche Nothwendigkeit versetzt, größer und bequemer zu bauen und ihren Badegästen auch in dieser Hinsicht eine Entschädigung für das Verlassen gewohnter häuslicher Bequemlichkeiten anzubieten. Halb Helgoland ist schon umgebaut. An die Stelle der kleinen, sturmgeschützten Dächer sind große stattliche Wohnungen aufgeführt, deren breite bequeme Treppen und hohe elegante Zimmer Städtern nichts zu wünschen übrig lassen. In meiner Nachbarschaft erhebt sich sogar ein Haus mit glattem italienischen Dache. Eine Gesellschaft von Damen und Herren nimmt gerabe ihr Frühstück oben ein. Das ist ganz hübsch, aber nicht helgolandisch. Wird der in solchem Hause erzogene Sohn das rauhe Geschäft ergreifen, welches die Natur den Insulanern anwies? Diese Verschönerungen Helgolands als Badeortes sind fast lauter Eingriffe in das Helgoland der Fischer und Lootsen. Selbst die große Helgolander Treppe gehört in diese Kategorie. Eine Treppe, die man hinaufreiten kann, auch wohl herunter, ist ganz bequem für den Herrn von Podagra und den Baron von Zipperlein, aber kräftigen Leuten ist sie nicht beingerecht, und ein elastischer Fuß ermüdet entweder in dieser Spielerei von hundertdreiundsiebenzig enggefügten Stufen, oder wird versucht immer die mittlere dieser Stufen zn überspringen. Die vorige Treppe soll nur zwei Schläge und höhere Stufen gehabt haben. Vielleicht nahm sie keinen so eleganten Schwung, wie die jetzige, die in drei Schwenkungen angelegt ist; aber ich wette darauf, die Helgolander geben ihr den Vorzug. — Noch eine Verschönerung von Helgoland, die freilich mit dem Seebade nichts zu schaffen hat, aber zu einem ähnlichen nachtheiligen Vergleiche des Früher mit dem Jetzt in praktischer Hinsicht führt, der neue Leuchtthurm. Schon auf dem Dampfboote hörte ich von Kundigen die Bemerkung aussprechen, daß der alte Hamburger Leuchtthurm mit seinem flackernden Steinkohlenfeuer weiter und heller geleuchtet, als der neue englische mit seinem Lampenfeuer und seinen kostbaren mit Platina überzogenen Reverberen. Hier auf Helgoland versicherte mich ein alter Lootse dasselbe. Freilich diese alte plumpgemauerte vierkantige Baake ist nur ein rußiger Schornstein gegen die schlanke hohe Säule des neuen Leuchtthurms, die in Nähe und Ferne einen schönen Anblick gewährt und in Wahrheit eine Zierde des nackten Felsens zu nennen ist, aber: „unsere alte Baake meinte es doch besser" sagte der alte Lootse, und legte seinen breiten krumm gewordenen Rücken an das austretende Gemäuer, wo er auf einer Bank saß, und mehr aus Gewohnheit wie aus Absicht in das Meer zu blicken schien.

Eine gymnastische Uebung freilich werde ich noch lange auf meinem Zimmer machen müssen, ehe ich recht dahinter komme. Mein Bett erhebt sich nur um die Höhe des Pfühls und der leichten Sommerdecke über dem Fußboden, und die schräge Rückenwand, die sich unter einem Winkel von 45° mit der grünangestrichenen Zimmerdecke vereinigt, erlaubt mir nicht in gerader aufrechter Stellung mich auf mein Lager niederzulassen. Ich muß also zu einer ziemlich verrenkten Attitüde meine Zuflucht nehmen, um ungestoßen zwischen Pfühl und Decke zu gelangen. Ich mußte laut lachen, als ich dies zum erstenmal versuchte. Aber finis coronat opus.

Bei der Ueberfahrt nach der Sandinsel saß ein junges Mädchen an meiner Seite, die noch niemals in ihrem Leben gebadet, weder in Seewasser noch in Flußwasser. Eine schöne Enkelin von Herrmann und Thusnelde mit wellig gekräuselten hellblonden Locken und lebhaften dunkelblauen Augen, die bald dem langsamen und gewichtigen Schlage der Ruder, bald dem leichten Fluge einer vorüberkreischenden Möve folgten. Sie zeigte keine Spur von Furchtsamkeit und ängstlicher Erwartung. Ich hatte mir gedacht, unsere Mädchen müßten alle einen kultivirten Abscheu vor dem Wasser empfinden, und nur der Schlangenstab des Hippokrates triebe die Zittern=

den unbarmherzig hinein. Aber dieses anmuthige und kräftige Wesen badete sich nur, wie sie äußerte, aus Neugier und einer Tante zu Gefallen, die eingehüllt im Mantel neben ihr saß. Die frische Seeluft ist in der That schon ein halbes Bad, und wer sie mit Wollust einathmet, fürchtet sich so wenig vor dem Bade, wie der Kuß vor der Umarmung. Doch tippte sie mit ihrem Goldfinger in die Fluth, um den Grad der Wärme zu prüfen. Bitte, sagte ich unbescheiden, leihen Sie mir einen kleinen Augenblick Ihren schönen Thermometer en miniature. Ich führe keinen, war ihre unbefangene Antwort. Erlauben Sie, flüsterte ich, es ist die zierlichste Arbeit in Elfenbein, die ich je gesehen, eine Glasröhre wie eine silberne Ader und wunderbares rothes Quecksilber darin. Ihrem flüchtigen Erröthen folgte eine unbändige Heiterkeit von meiner und eine stille von ihrer Seite. Dann, „hier ist der meinige!" rief ein höflicher Mensch und überreichte mir ein Taschenthermometer in optima forma. Ich hielt es ziemlich lang ins Wasser hinaus. Wie viel Grad ist es denn, fragte sie endlich als ich es aufzog. Ich blickte ihr in die Augen, welch ein heller keuscher Strahl, und wie kindlich die nachglänzende Freude über eine Schmeichelei, welche nur der Uebermuth zwischen Himmel und Wasser entschuldigen konnte. Es sind gerade so viel Grade, mein Fräulein, antwortete ich, als Sie Frühlinge zählen. — Von wem haben Sie den Thermometer für meine Frühlinge geliehen? — Von dem größten Mechanikus in der Welt, von dem Bildner meines Auges. — Unser Boot schwang sich durch die Brandung, die am Ufer der Sandinsel hinjauchzte und sich auf das schöne und reine Opfer zu freuen schien, das sich an diesem Morgen ihren ungestümen Umarmungen hingeben sollte. Das Boot konnte nicht ganz an das trockene Ufer gelangen, die Gesellschaft ließ sich heraustragen, die Herren auf dem Rücken, die Damen auf den Armen der Ruderer. Thusneldchen saß auf den verschlungenen Fäusten zweier kräftigen Frisen, ich ritt ihr an der Seite, die Tante folgte in einer ähnlichen Portchaise. Am Ufer theilten sich die Pfade der Geschlechter, die Damen zogen links, die Herren rechts. Sie machte nur kleine zögernde Schritte, und die Tante war ihr immer voraus. Ohne Zweifel wird sich zu dem Reize der Neugier auch ein kleiner Schauer in ihrem Busen gesellt haben, sie kam mir in diesem Augenblicke vor, wie eine Braut, die an ihrem Hochzeitsbette vorübergeht. Es ist kein Unglück, aber ein Geheimniß. Nur eine Neuseeländerin kann dem Meer und ihrem Geliebten ohne Herzklopfen entgegen gehen. Hier und dort — das ängstlich aufdämmernde Bewußtsein vom nahenden Konflikte zweier Naturen, von denen die eine mächtiger ist und sich schon im voraus als Siegerin ankündigt, jedoch ihren Sieg nur zur

Beglückung und zur Steigerung des Lebensgefühles des Besiegten anzuwenden verspricht. Männer, die stehend und zitternd mit gebogenem Leibe die Brandung erwarten, und ihr nicht schwimmend Trotz zu bieten vermögen, partizipiren an der Weiblichkeit, an ihrer Ohnmacht und dem besonderen Reize derselben. Das Meer ist ihr Bräutigam und nicht ihre Braut.

Ich möchte mich lieber allein baden, oder in Gesellschaft kräftiger Jünglinge und Männer. Da sah ich eine nackte Sancho-Gestalt mit einem abscheulichen rothen, wie von Nesseln gepeitschten Leibe. Wäre der schwimmenden Muschel der Venus jedesmal bei ihrer Annäherung an das Ufer eine solche Gestalt aus grüner Badekutsche entgegen gekrochen, niemals hätte die reizende Göttin ihre Muschel geöffnet, und sie schwämme noch immer auf der Höhe des Meeres herum. Auf solche Weise kann Einem der schönste Moment verdorben werden. Vielleicht hat dieſer Menſch einen ſokratiſchen Dämon in ſeinem Sancholeibe, und würde mir zu jeder anderen Zeit geiſtig gefallen, vielleicht ſieht er auch in Rock und Hoſen ganz menſchlich geſchneidert aus, aber im Waſſer mag ich ſolchen Geſtalten nicht wieder begegnen.

Auf der Rückfahrt war Thusnelde nicht von der Geſellſchaft. Es that mir leid. Wie reizend muß ſie geweſen ſein mit den klarkühlen befriedigten Augen, der blaſſen Wange und dem aufgelöſten langen Haar, die junge Meerfrau.

Mein Hausgenosse ist der wackere Jakob Andressen=Siemens, ein wenig beachteter beachtungswerther Mann. Seines Gewerbes ein Schiffbauer, von der Sorte, wie Peter der Große sie brauchen konnte, kenntnißreich, anschlägig, rastlos, mit einem Fuße für große Spuren, einem Geiste, der korallenartig aus dem kleinsten Punkte einen hübschen Koloß auf die Beine zu bringen versteht. Er weiß dieses recht gut und fühlt sich nicht glücklich in seiner Beschränktheit und Mittellosigkeit. Er zimmert hier kleine Schifflein, die freilich die besten Seegler und Ruderer sind, die man sehen kann, meist auf Spekulazion, die ihm niemals fehl schlägt, und die er bestellter Arbeit vorzuziehen scheint. Heute Mittag besuchte ich ihn in seiner kleinen Zimmerbude unten am Strande; die Thüre stand offen, ich sah ihm lange bei der Arbeit zu, ohne daß er meiner ansichtig wurde. Während seine Art spielend über die Bohlen und Bretter fuhr, die einst mit Schellfischen und Hummern belastet werden sollen, zeigte sein Blick und seine träumerische Stirn, daß er nur mechanisch bei der Arbeit war; seine Gedanken nahmen sicher eine Richtung, welcher die Bretter, die er zusammenfügte, nicht nachschwimmen werden. Wehmuth ergriff mich in diesem Augenblick über das Schicksal aller Männer, die Späne hauen müssen zu kleinen Marktschiffen, während ihr Geist über den hohen Wimpeln von Dreideckern schwebt. Ich hätte, wie er und ich da standen, sein größeres Schicksal sein mögen, oder die wohlthätige Fee, die Schicksals Stelle an ihm vertrat. Denn mit dieser dunkeln Macht ist es eigen. Wohl zeichnet sie alle ihre Kinder in der Geburt, aber sie kann manchmal dieses Zeichen nicht wiedererkennen, verwechselt den Stempel des Genie's mit dem flachen Gepräge der Unbedeutendheit, das angestirnte Groschenstück des Miethlings mit dem Fittige des hoch und frei Strebenden, führt jenen an die Spitze großer Unternehmungen, diesen im niederen Kreise der Alltäglichkeit herum. Aufgeschaut! hätte ich dem wackern Mann zugerufen. Aufgeschaut, es geht ein Wunder vor! Deine Träume sollen sich verwirklichen, deinen Talenten, deinem Ehrgeize soll eine große Bühne eröffnet werden. Diese enge Bude verwandelt sich in eine riesige Schiffsdocke, dieser elende Kahn in ein majestätisches Admiralsschiff, dieses kleine nordische Eiland mit seinem röthlichen Gestade und jenem Meere, wo ihr fischet, lootset und ertrinkt, dieser Nordsee, die nur friedliche Handelsschiffe, plumpe Wallfischfänger und stinkende Heeringsjäger zu tragen gewohnt ist, wo niemals Kanonendonner aus schwimmenden erzmündigen Wänden feindlich sich begegnete, niemals das erhabene Schauspiel einer Milton'schen Dämonenschlacht aufgeführt wurde, niemals eine ungeheure, reiche, erschütternde Begebenheit das leere Geklatsche der Wellen zum Schweigen brachte, auch niemals etwas Großes, Entscheidendes in Zukunft sich ereignen wird — es verwandelt sich in ferne, fremde Gestade und Meere, in die Küste von Aegypten und die Bucht von Abukir, wo der gelbe Pascha Flotten baut, oder wenn du Rußlands Dienste vorziehst oder Flottenbau-Inspektor im schwarzen Meere zu werden gedenkst, in die Küste von Asow, wo die Wellen, gleich schaukelnden Leichenträgern einander zuflüstern: wir tragen den Sarg der Seekönigin Britania! — In der That, ich kenne die hochfliegenden Pläne dieses Mannes und wünschte ihn mindestens in einer Lage zu sehen, die seinem umfassenden, auf

Fernes, Großes gerichteten Thätigkeitstriebe in etwas nur entspräche. Er besitzt eine Vereinigung von Eigenschaften für das Seewesen, die man selten nennen kann, und die, auch ohne abenteuerlichen Gang des Schicksals, zum Vortheile seiner Insel und zum Besten der Schifffahrtsverhältnisse in der Nordsee auf das wohlthätigste benutzt werden könnten. Er hat es in dieser Hinsicht an Vorschlägen und Versuchen nicht fehlen lassen, jedoch nicht die geringste Ermunterung gefunden, weder auswärts, noch auf seiner Insel. Hier macht man ihm sogar das Heimathsrecht streitig, weil sein Vater nach der Nordküste übersiedelte. Geboren auf Helgoland, aber erzogen bei einem Landschullehrer an der Küste von Schleswig, und später Schiffsbaulehrling auf einer Werfte in Altona, machte er als Matrose mehrere Seereisen nach südlichen Meeren, und hielt sich dann seit der für Helgoland so einflußreichen Blokadezeit in seiner Heimath auf, wo er längere Zeit dem alten Rathsmanne Buse als Schreiber diente und sich durch Kenntnißnahme der wichtigsten Schifffahrtsangelegenheiten und Havarifälle in der Nordsee, ein durchaus kundiges Urtheil auf diesem um Menschenleben und Tonnen Goldes wogenden und würfelnden Gebiete erwarb. Nachher schlug er sich mit Beil und Axt durch's Leben, verfertigte auch Risse von Schiffen für Andere, wobei er denn freilich nur einen geringen Theil seiner durch Studien und Nachdenken erworbnen Kenntnisse dieses Faches in Anwendung bringen konnte. Mächtiger beschäftigte ihn die Idee, Vertreter und Wohlthäter seiner heimathslosen Insel und Stifter einer vernünftig gesicherten, ehrlichen Schifffahrt auf der Nordsee, zu werden. Diesen beiden, in seinem Plan vereinigten Zwecken widmete er eine kleine Schrift, die er auf seine eignen Kosten drucken und bei Hoffmann und Campe in Hamburg debitiren ließ. In dieser Schrift

suchte er dem ehrbaren Kaufmann den großen Leicht=
sinn und die meineidige Havarigelegenheit in der
gefährlichsten Passage der Nordsee, zugleich mit
der Wichtigkeit von Helgoland und der Andeu=
tung sicherstellender Maaßregeln von hieraus,
vermöge des bestehenden, nur besser zu ordnen=
den Lootsenwesens, ans Herz zu legen. Erhal=
tet die Insel! rief er den Hamburgern zu; ver=
leiht dem wichtigsten Zweige des dortigen Er=
werbes, dem Lootsenwesen, euren Schutz,
sucht Helgoland und die Helgolander auf jede
mögliche Weise über dem Wasser zu erhalten,
denn hierdurch berathet ihr nur euren eigenen
Vortheilen; Helgoland ist die Warte eurer Ge=
fahren, die Schildwacht eurer Arsenäle und
Packhäuser, der Spion unter euren Feinden, der
er Retter in der Noth, und seit Jahrhunderten
euer alter armer Sturm= und Wettertrotzer, der
Freund, der aufrichtig ehrliche Gesinnungen ge=
gen euch hegt, und schon aus mächtiger Lust und

Leidenschaft für das angestammte Gewerbe euch nicht verlassen wird, wenn ihr nur irgend, wozu auch die Klugheit räth, gerechte und billige Anerkennung seiner Lage und seinen Leistungen wiederfahren lasset. Diese wohlgesinnte Schrift ging spurlos vorüber, erregte vielleicht hier und da, statt ernster Würdigung, Spott und Lächeln und das Naserümpfen eines Belletristen, dem an den verknäuelten langen Sätzen der kurze Odem verging und der hinter dem ersten schriftstellerischen Kampfe eines kräftigen, scharfzergliedernden und feinbedingenden Geistes mit der Unbeholfenheit der Sprache, mit der rücksichtsvollen Verlegenheit gegen das große reiche Handelspublikum, mit der Ungewohntheit größerer zusammenhängender Darstellung, mit der Schwierigkeit, den Verdacht insulanischen Eigennutzes fern zu halten u. s. w., daher nichts als die Verwirrung eines armen Kopfes sah, der vom Schriftstellerdünkel gequält wurde. Wenn ich aber der natürlichen Schwierigkeiten gedenke, welche meinen guten Siemens bei seiner ersten literarischen Arbeit in Empfang nahmen, so muß ich noch eine künstliche hinzufügen, die er sich selbst dadurch machte, daß er seine Schrift nur zur Vorläuferin persönlicher Zusammenkünfte mit Rhedern und Kaufleuten, bestimmte, und daher mit manchen Aufklärungen hinter dem Berge hielt und sich zu Andeutungen genöthigt sah, welche manchmal jedem anderen, außer ihm, leer und inhaltslos erscheinen mußten. Ich finde aber die Aeußerung, die mir Jemand kürzlich über diesen Mißstand seines Werkes machte, durchaus nicht treffend, obgleich sie scheinbar aus dem Naturell einfacher, prakti= scher Leute, des Standes, wie Siemens, her= geleitet ist. Solche Leute meinte Herr C., müß= ten natürlicherweise auch einfach reden und schrei= ben, ihre Nothdurft kurz und gut von sich geben und überhaupt nicht viel Federlesens machen.

Siemens verrathe schon durch seinen Styl, daß er ein überspannter, verworrener Kopf sei, der nicht wisse, was er wolle, und dem man daher auch keine geschickte Ausführung zutrauen könne. Allein, auch abgesehn von der erwähnten besonderen Absicht, welche der Fassung seiner Schrift zu Grunde lag, glaube ich schon bei mehreren Naturalisten seiner Gattung eine ähnliche Form ihrer schriftlichen Mittheilungen und gerade das Gegentheil von obigem Satze entdeckt zu haben. In mündlichen Unterhaltungen ohne Umschweife, wurden sie mit der Feder weitläufig, verholen und geziert, aus mancherlei ängstlichen Rücksichten auf Verständniß und Mißverständniß, auf das verwöhnte Ohr, das gebildete Publikum, auf ihre Reputazion als angehende Schriftsteller, in welcher Hinsicht sie dann zeigen wollten, daß sie etwas Besseres als die erwartete plumpe, sachgerechte Arbeit zu liefern im Stande waren. Bei Siemens kömmt noch eine andere Eigen=

thümlichkeit hinzu. Er liebt es, seine Pläne in den dreidoppelten Schleier des Geheimnisses zu wickeln, und glaubt immer schon zu viel gesagt zu haben, wenn er eigentlich noch nichts gesagt hat. Darin ist er allen Leuten ähnlich, bei welchen der Reiz der Ausführung den Reiz der Mittheilung überwiegt. Jener Reiz ist männlicher, dieser mehr weiblicher Natur. Energische Köpfe, und vor allen solche, die instinktmäßig auf das Handeln geleitet werden, begnügen sich oft mit allgemeinen Andeutungen, und überlassen das Nähere dem entscheidenden Moment, wo ihre Hand mit größerer Schnelligkeit alles Wichtige zu ordnen versteht, als die Feder es beschreiben kann. Zuweilen setzt ihre Phantasie, ihr roher Scharfsinn alle Möglichkeiten voraus, welche auf ihr Unternehmen und die beabsichtigte Art der Ausführung von Einfluß sein könnten. Dann geben sie Winke, die Niemand versteht als der Eingeweihte, oder derjenige, der sich getroffen

fühlt, ſetzen Dinge mit einander in Verknü=
pfung durch ein den Meiſten unſichtbares Band,
ſprechen endlich ſo dunkel und profetiſch, wie
nur weiland Cromwel, wenn er gerade etwas
ſehr Beſtimmtes im Schilde führte. Mein bra=
ver Siemens machte es nicht anders. Aber man
muß bedenken, in welcher Lage er ſich befand.
Er mußte alles aus ſich ſelbſt ſchöpfen, alles auf
ſeinen eignen Kopf unternehmen, konnte Nie=
mand zu Rathe ziehn, entbehrte auch das Glück,
daß ſein Manuſkript in ſolche Hände fiel, die, ohne
das Charakteriſtiſche der Darſtellung zu verwi=
ſchen, mehr äußeren Halt und Geſchick, mehr Bün=
digkeit und ſichtbaren Zuſammenhang in das ver=
zettelte Gewebe gebracht hätten. Er ſelbſt war ſich
der Fehler in Anlage und Durchführung bewußt,
ohne ſie ändern zu können. Er beſchreibt mir auf
ſehr naive Weiſe die Angſt und Hitze, die er aus=
ſtand als er das Papier anſchwellen ſah und die
Schattenzüge ſeiner Gedanken ihn umringten,

ohne daß er ihnen gnug thun konnte. Welcher Autor denkt nicht bei dieser Schilderung an sein eignes erstes Produkt, das er vielleicht nicht erscheinen zu lassen das Glück oder die Klugheit hatte.

Allein die Schreiberei und ihr ungewisser Erfolg konnte ihn nicht befriedigen. Er ließ sich von den Helgolander Fischern zum Abgeordneten wählen und verfocht die Interessen derselben persönlich in London. Sehr lästig und für den Erwerb nachtheilig war es zum Beispiel für die Helgolander, nach Hamburg segelnden Fischerfahrzeuge, der zeitraubenden Expedizion am Brunshausener Zoll unter Stade ausgesetzt zu sein. Nach der Rückkehr ihres Bevollmächtigten erließ ihnen die hannoversche Regierung diese Umständlichkeit und ertheilte ihnen die Erlaubniß, bei dem auf der Elbe liegenden Wachtschiffe zu klariren.

Als der Verfall der Nahrung auf der kleinen,

übervölkerten Insel drohender wurde, ergriff Siemens das in seinen Augen äußerste Mittel, der Insel aufzuhelfen, nämlich er stiftete die Badeanstalt, trieb und beförderte alles, was dazu nöthig war, steckte hinter allem, was zu Tage kam, verbürgte sich, und administrirte mehrere Jahre hindurch die schnell aufblühende Anstalt mit Geschick, Sorgfalt und gänzlicher Uneigennützigkeit. Die Aktien stiegen, das Geschäft für Helgoland war etablirt, und er retirirte sich wieder in seine Zimmerbude.

Man hat Unrecht, ihn hier zu vergessen; aber es kann sein, daß es so am besten ist. Er bewahrt sich die Energie des Selbstbewußtseins, und vielleicht hat das Schicksal, das ihn bisher in die Geschicke von Helgoland verflocht, ihn zu derselben Stelle für die Zukunft bestimmt.

Zwei Entdeckungen: man kann um den Felsen herumgehen, und man kann ihn erklettern.

Das erstere that ich heut Morgen, in Begleitung eines jungen Helgolanders, Namens Krohn=Franz und zweier Herren aus Hamburg. Mit der östlichen Seite des Felsendreiecks machten wir den Anfang. Diese Seite hat keine Höhlen, Pfeiler und Thore, wie die entgegengesetzte; sie macht nur einen plumpen Eindruck. Dennoch ist sie die gefährlichste und man kann hier leichter ein Unglück erleben, da man sich vor den „tückisch mit Donnergepolter" zuweilen herabrollenden Steinmassen nicht so gut in Acht nehmen kann. Auch fallen solche tumultuarische

Ereigniſſe hier an dieſer Senkungskante des Fel=
ſens bei weitem häufiger vor, indem dieſelbe der
Verwitterung am meiſten unterworfen iſt. Sie
hat ſchwerer zu tragen an der Luft, nämlich an
dem Regenwaſſer, das hier zuſammenfließt, ge=
friert, verdunſtet, den Stein lockert, ſprengt,
die Verwitterung in Maſſe herbeiführt. Gegen
die Weſtſeite kämpft die Luft mit heroiſchen
Waffen durch die Hülfe des ungeſtümen Boreas,
der auf ſeinem ſchwarzen Sturmroſſe gegen den
Felſen anreitet, und, wenn er ſieht, daß er
nichts ausrichten kann, die Zügel zurückreißt und
mit einem wilden Satze das ſich bäumende,
ſchaumbeſpritzte Roß über den Felſen hinſchnau=
ben läßt. Aber die Luft kennt die ſchwache
Seite des Felſens, ſeine Neigung zum Trunk,
und ſie nähert ſich ihm als freundlicher Mund=
ſchenk in reichem fließendem Gewande, ſchenkt ihm
unaufhörlich ein, macht ihn voll und ſchwer,
ſprengt ihm die alten Adern, löſt ſeine Glieder,

bringt ihn immer weiter herunter, macht ihn endlich zur schauerlichen Ruine, zu einer Dichterruine wie Grabbe eine war, dieser arme Grabbe, der noch vor seinem Einsturze mit zwei versteinten und zerbröckelten Fingerstumpfen den Hannibal schrieb.

Steinblöcke von allen Größen garniren das abschöffige Felsgestade an dieser und an der anderen Seite des Dreiecks, nur die Basis, die Unterlandsseite, ist von diesen Siegeszeichen der Zerstörung befreit. Ich hatte mir in den Kopf gesetzt, auf diesem Umgang um den Felsen irgend eine Hypothese über die Formation desselben auszusinnen — denn auch ich bin ein Naturforscher und ich will meine eigene Hypothese über dieses steinerne Räthsel haben — aber für diesmal bin ich nur mit einem gestoßenen Schienbein, ohne Hypothese, nach Hause gekommen. Man muß von einem Stein zum andern hüpfen und diese Steine sind überzogen mit grünem Pflanzenschleim und ganz verteufelt glatt, und ich kann mir bei meiner hastigen Art noch gratuliren, daß ich nur ein einzigesmal ausglitschte. Und noch dazu, war bloß ein Seehund daran Schuld. Denn als ich losspringen wollte, sah ich einen Seehund ungefähr zwanzig Schritt von mir in die See laufen, und ich rief ihm nach, er sollte still stehen, ich hätte etwas mit ihm zu sprechen, aber er hörte nicht und ich stürzte mittlerweile kopfüber auf die Steinplatte, daß ich ach und weh hätte schreien mögen, wenn ich mich nicht vor dem Helgolander geschämt hätte. Ich wollte aber den Seehund fragen, ob es keine uralten Traditionen gibt unter den Seehunden, die bis an die sündfluthlichen Zeiten hinaufsteigen, und ob er nicht zufällig von seiner Urgroßmutter gehört, durch welche physikalische Prozesse Helgoland, und eben einzig und allein Helgoland in der weiten Nordsee, zu solcher Höhe emporgestiegen und woher der rothe Sandstein komme,

und dazwischen die bänderartigen schmalen gelb=
grünen Thonschichten, und ob die Gelehrten un=
ter den Seehunden unter sich einig wären daß
dieser rothe Sandstein zu der Green=Sand=
Formation der Engländer gehöre, wie die Her=
ren Lichtenstein und Kunowsky vermuthen, und
ob sie auch von einer Gas=Explosion munkel=
ten, wie Doktor Röding, und ob die Herren
Seehunde etwa ein korrespondirendes Mitglied an
einem Rezensenten in Pfaffs Journale hätten,
welcher Rezensent, dem Vernehmen nach ein
ordentlicher Mensch in Hamburg, die Behaup=
tung aufstellte, daß Helgoland und aller Sand
in der Nordsee von dem Auswurfe der Kontinen=
talströme, Elbe, Weser, u. s. w. herrühre.
Alles dieses und noch mehr wollte ich dem alten
Seehunde abfragen, als er sich meiner wissen=
schaftlichen Neugier durch übereilte Flucht entzog
und heftige Steinschmerzen mich sehr plötzlich
und unangenehm an die stupide scharfkantige

Gegenwart erinnerten. Und doch ist es mir lieb daß ich nicht auf der Westseite gefallen bin, denn ich habe bemerkt, daß das Gestein auf der Westseite viel härter ist als auf der Ostseite. Das weiß nicht jeder. Und noch mehr, ich kombinire in diesem Augenblick, wo ich mein armes Bein reibe, diesen Umstand mit einem anderen, dessen ich schon erwähnte, zu einer Theorie über die romantische Grotten-, Klippen- und Bogenbildung an der West- und Nordwestseite des Felsens, für deren Beurtheilung ich mir ebenfalls irgend einen Seehund von Rezensenten ausbitten werde. Woher kommt es, daß bloß die Westseite in mannigfachen Formen durchbohrt und ausgehöhlt ist, die Ostseite aber eine zusammenhängende undurchbrochene Wand bildet, ohne eine einzige Höhle, eine einzige freistehende Klippe? Herr Röding, der nach einer bekannten neuen Theorie Helgoland durch Gas in die Luft spaziren läßt, scheint der erste For-

scher gewesen zu sein, der sich diese Frage vor=
legte. Ich glaube sogar annehmen zu dürfen,
daß seine Hypothese ihre nächste Veranlassung
in der Beantwortung dieser Frage fand. Die
Westseite, sagt er, ist der alte Mittelpunkt
des Felsens, der bis soweit zertrümmert worden
ist. Von diesem Mittelpunkte aus wurde das
kolossale Steingut in die Höhe geblasen, und
die Höhlungen, die sich hier finden, sind uralte
Zeugen einer solchen unterirdischen Evaporation.
Alle Achtung vor der Theorie über Helgoland.
Aber das Gas=Helgoland will sich mir nicht
sonderlich empfehlen. Hat sich die Felsmasse
von Helgoland, wie unbestritten und unbestreit=
bar, flötzartig aus dem Wasser abgelagert, so
entspricht ihre Höhe dem ehemaligen Wasser=
stande und bedarf weiter keiner Erklärung, so
dunkel auch diese ganze isolirte Genesis uns, bei
mangelnder Einsicht in das geheimnißvolle Wir=
ken der elektromagnetischen Kräfte, erscheinen

mag. Eine Gas=Eruptions=Theorie, nach welcher die schon gebildete Felsmasse aus ihrem Zusammenhange mit dem Thalgrunde gerissen und in die Höhe geschleudert worden sein soll, eine solche Theorie versetzt das Wunder eigentlich nur aus der Höhe in die Tiefe, indem sie nun auch erklären muß, auf welche Weise diese Flötz=bildung zweihundert Fuß unter dem jetzigen Wasserspiegel der Nordsee vor sich ging. Man wird also immer auf dieselben physikalischen Pro=zesse zurückkommen müssen, durch welche man, ohne diese Theorie, die Felsbildung zu erklären sucht, auf das steigende und fallende Wasser, auf die Steinelemente, welche dasselbe enthielt, endlich vielleicht auf den Halysmus oder die steinformende, felsbildende Kraft der galvanischen Strömungen, welche sich gerade hier entwickel=ten, also auf sehr gelehrte Dinge, von welchen ich nichts verstehe, und bei denen ich mich nicht weiter aufhalten will. Um aber auf die Grotten der Westseite zu kommen, so glaube ich jetzt eine Entstehungsart derselben angeben zu können, die mir schon ohne Gasbeleuchtung einleuchtend zu sein scheint. Das Gestein auf der Ostseite ist, wie bemerkt, weicher und bröckligter als das Gestein an der Westseite und die Ursache davon ist keine andere, als die Senkung des Felsens von Nordost nach Südost in einem Winkel von ungefähr 15°, durch welche die Ostseite zum allgemeinen Wasserbehälter gemacht wird, wie sich denn auch die beiden Regenwassergruben, die sogenannten Sapskuhlen, auf dieser Seite befinden, und die Zerstörung des Felsens, so weit die Geschichte davon meldet, hauptsächlich an dieser Seite, zumal an dem südöstlichen Winkel„ wo Kirchhof, Kommandantenhaus, alte Treppe herunterstürzten, mit raschen Schritten vor sich gegangen ist. An dieser Seite stand nun eine allgemeine Zerbröckelung zu erwarten, da der auflösende Wasserdruck ebenmäßig auf alle Theile hinwirken, und sie einer kontemporären, oder mindestens rasch successiven Zerstörung aussetzen mußte. In dem kernhafteren Gestein der Westseite aber lag die Bedingung einer interessanten Physiognomie; und welchen Ursachen man auch hier das sichtbare Werk der Zerstörung zuschreiben mag, den ewigen Stürmen oder den ewigen Wellenschlägen der Brandung, sie fanden hier einen Steincharakter vor, der sich für Säulen, Bogen, Gewölbe und überhaupt für schauerliche groteske Formbildungen vortrefflich eignete. Ich glaube indeß, daß man diesen gewaltsamen Einflüssen nicht zu viel in Rechnung setzen darf. Mehrere Klippenbildungen lassen sich durch den heftigsten Wellenschlag nicht erklären. Wenn man schon die große Höhle, das sogenannte Jonggat, mit seinem mächtigen dunkeln Gewölbe, welches höchstens nur vom emporgewehten Schaum der Wogen berührt wird, dahin zählen muß, so wird man die Wuth des Meeres noch ohnmächtiger finden bei jener wunderbaren Klippe, die thurmartig an der Wand des Felsens heraussteht, von der einen Seite ein Loch, von der anderen ein schmales gothisches Thor nach der Meeresseite hat und in ihrem geräumigen Innern von oben bis unten senkrecht ausgebohrt ist, so daß man den blauen Himmel zur Kuppel über sich hat. Dennoch halte ich die See nicht für ganz unschuldig. Seit Jahrtausenden läßt sie ihre Wogen regelmäßig zur Fluthzeit an den Fuß dieser Klippen aufschwellen und seit eben so vielen Jahrtausenden saugen diese das scharfe Salz=Wasser als flüchtiges Gift in sich auf, und verbreiten dasselbe in ihren dunkeln Eingeweiden. Großen Einfluß auf den Fortgang und die physiognomischen Erfolge dieser schleichenden Art von Zerstörung schreibe ich dem Winde nicht zu; ja ich glaube annehmen zu müssen, daß der scharfe Nordwind die Außenseiten der Klippen mehr konservirt als zerstört, indem er sie von den Feuchtigkeiten befreit, welche sie unaufhörlich aus der See und aus der Luft absorbiren. Die Zerstörung wirkte daher mehr von Innen heraus; ganze Klippenwände erhielten sich äußerlich unversehrt, wie die Mauern der Kirche, von der ich sprach; andere wurden durchbrochen und bildeten gigantische Felsthore, wie Mörmoas Gat und wie der Hengst, zu welchem man noch vor zwanzig dreißig Jahren von Hamiltons Point aus hinüberschreiten konnte; noch andere isolirten sich zu pyramidalischen freistehenden Klippen, um welche rund herum die Brandung tobt, wie die beiden Mönche. Es wird hiebei viel auf den Winkel ankommen, in welchem die herrschenden Winde auf die Klippen einfallen. Es läßt sich denken, daß der wärmere Süd= und Südwestwind, der so häufig Regen an die Klippen peitscht, dem Nord= und Nordwestwinde hierin nachsteht. Indessen bleiben, nach meiner

Ansicht, die gefährlichsten Feinde der Klippe stets die schleichenden, die Absorptionen aus ruhig feuchter Nebelluft und aus der Fluthbespülung, in Verbindung mit den Prozessen, welche der Wechsel der Temperatur, die große Hitze und die große Kälte hervorrufen.

Welche Weisheit! Unten am Ufer habe ich mir nicht träumen lassen, daß ich eben so viel wissen würde. Die Weisheit muß mir unversehens in den Stiefel gelaufen sein, an der Stelle, wo ich meinen nassen Fuß bekam. Es gibt da an der Nordwestseite einige sehe preßhafte Stellen, wo man besser thut, die Stiefel auszuziehen, wie der junge Helgolander, der wackere Krohn=Franz, der mit nackten Beinen, die Flinte unterm Arm, uns voranschritt. Ein hübscher, wohlgebauter Mann mit lebhaftem Auge und kurzen, raschen Bewegungen. Wie er so dreist, gewandt und sicher von Klippe zu Klippe spazierte! Er gemahnte mich an den Gem=

senjäger Tyrols, und wahrhaftig, man kann auch hier den Hals brechen, wenn es darauf ankommt. Die Helgolander Schützen sind verwogene Leute. Einer stand oben auf einem vorspringenden, niederwärts hängenden Klippenstück, das nur durch eine abschüssig schmale Brücke mit dem oberen Rande des Felsens zusammenhängt. Er hatte in seiner Stellung rechts und links die gähnende Tiefe unter sich, uud benutzte diese schöne freie Aussicht um sich mit ausgerecktem Halse nach einem Vogel umzuschauen, dessen Pfeifen ihn hierher gelockt hatte.

Wir kamen noch bei guter Zeit um das Sathorn herum und nach dem Vaterlande zurück. Jetzt wird schon die Fluth unsre Fußspuren verwischt haben.

Ein Tag der Unheimlichkeit — Himmel und Meer ein grauenhaftes Grau. Ich ging zu meinem alten Franziskus. Er las in Saurin's Predigten, war aber nicht ungehalten, daß ich ihn in seiner Morgenandacht störte. Mir ist jämmerlich zu Sinn, sagte er. Man kann sich so innig an Jemand gewöhnen, besonders wenn man so allein steht wie ich, daß Trennung von dem geliebten Gegenstande angesehen wird, als wenn Gräber trennen. — Wie fällst du auf diesen trübseligen Gedanken? — du wirst die Insel wieder verlassen, ich werde auf diesem Felsen schmachten bleiben. — Wer weiß, Lieber. Ich bin hier gern. Nur hoffe ich, daß dieser Tag nicht viele seines gleichen hat. Mag es stürmen, daß die Dächer krachen, nur nicht diese leichenhafte graue Schwüle. — Diese Nacht, sagte er, hatte ich einen sonderbaren Traum. Du weißt, ich glaube daran. Mir träumte nämlich, ich hörte und sah deutlich — ein schweres Gewitter. Jeder flüchtete sich nach seiner Hütte, ich aber ging ruhig, wo die Blitze am feurigsten niederschlugen, mit dem Blick nach oben: du bist mir derselbe in deinen Donnern wie im Sonnenschein — und auf einmal fing die Sonne an aus zerrissenem dunkelm Gewölke sich hervorzudrängen mit derselben Mattigkeit wie eine zum erstenmal Gebärende. Darauf ward alles heiter und ich sah deutlich folgende Nummern, so daß ich aus dem Bette sprang und selbige in der Nacht aufschrieb, um sie nicht zu vergessen, Nr. 4, 12, 1. Besetze die Terne für dich und mich mit zwei Mark. — Du sublime au ridicule — wie kann man so erhaben von Nummern träumen. — Kommen müssen sie — Ich wollte, der

Blitz wäre in sie gefahren und hätte sie erschlagen mit sammt dem verruchten dänischen Lotto. — Philosoph, vergiß meine Nummern nicht. Denk' an meinen Traum in A, als wir noch Studenten waren.

Wir schlenderten langsam am zerbröckelnden Rande des Felsens hin. Die Luft wog schwer und drückend. Die Vögel schienen langsam zu fliegen und hin und wieder in den dunstigen Luftschichten wie auf weichen Kissen auszuruhen. Dumpf und bleiern schlug die Welle an den Fuß der alten Klippe, ich glaubte auf den Zinnen eines Geisterthurmes zu stehen, der einsam schaurig aus den Fluthen der Vergänglichkeit hervorragte.

Die Helgolander stecken voll Aberglauben und ich begreife diese Richtung auf das dunkle Reich der Geister. Der nordische Gespensterglaube hätte sich keinen geeigneteren Sitz wählen können. Ein langer Aufenthalt auf diesem Felsen möchte für Manchen ansteckend sein. Die Leute sind hier, namentlich im Winter, mit sich und dem Tode allein. Die Mährchen voriger Jahrhunderte, diese schauerlichen verwesungsduftigen Mährchen unserer Urgroßmütter, welche das neue Jahrhundert immer mehr zerstreut, haben sich auf den Klippen und Inseln der Nordsee erhalten. Mich wundert, daß der Herausgeber der Seherin von Prevorst diese reichen Quellen nicht benutzte. Jedermann auf Helgoland glaubt an Ahnungen, Träume, Doppelgesichte und allen möglichen Spuk. Man erzählt sich hierüber seltsame Geschichten, zum Beispiel folgende. Im vorigen Jahr kam ein fremder Offizier in Hamburg an, der, schwach und elend wie er war, sich nach dem Seebade von Helgoland einschiffen wollte: schon hatte er das Dampfboot bestiegen, als er sich in dem Grade unwohl fühlte, daß er die Reise für diesesmal aufgeben und sich nach seinem Hotel zurückfahren lassen mußte, wo er gleich darauf verschied. Statt seiner machten nun seine Effekten die Reise nach Helgoland. Hier wurden dieselben in einem Speicher des Unterlandes niedergelegt und für den Eigenthümer, der sie reklamiren würde, aufgehoben. Der Speicher gehörte einem der Badedirektoren, dessen Name mir entfallen.

Diesen führte irgend ein Geschäft nach seinem Speicher; er schloß auf und erblickte zu seinem höchsten Erstaunen auf dem eingebrachten Koffer eine Person in sitzender übergekreuzter Stellung, mit verzogen schmerzlichen Gesichtszügen, dem Anschein nach Militair. Sie war stumm und unbeweglich und schien über dem Koffer Wache zu halten. Ich weiß nicht, ob er diese Gestalt anredete, oder ob er gleich, durch die Unheimlichkeit der ganzen Erscheinung gefaßt, sich auf den Rückzug begab. Er verschloß indessen die Thüre hinter sich und brachte einige Leute auf, in deren Gesellschaft er nach dem Speicher zurück=

kehrte. Jetzt sah man deutlich den Koffer, aber keinen Offizier; dieser war verschwunden. Mit dem nächsten Schiffe lief die Nachricht von dem plötzlichen Hingange des armen spukhaften Mannes ein, und nun wußte man auf Helgoland, wie die Geschichte zusammenhing. Der Offizier hatte sich wahrscheinlich sehr lebhaft mit seinen nach Helgoland vorangegangenen Sachen beschäftigt und sein Geist hatte denselben bis in den Speicher des Unterlandes nachgespürt. — Mehrere Lootsen auf Helgoland, ja auch Kinder zeichnen sich durch die Gabe des Hellsehens aus. Vor einiger Zeit starb ein Knabe, der immer vorher wußte, wenn Jemand auf der See verunglücken sollte. Er bekam ein Gesicht, worin sich die Schreckensscene mit allen Umständen darstellte. Auch stirbt man nicht leicht auf Helgoland, ohne vorgängig als Gespenst umherzuwandern. Seit einigen Abenden zeigt sich ein Schatten im Unterlande; er ist Mehrern vorbeigeschritten, die Treppe auf und nieder; noch hat man ihn nicht erkannt, man weiß nicht ob er Fremder oder Helgolander ist, seine Figur ist groß, sein Gang schleppend und unsicher. Aehnliche Sagen erneuern sich öfters. Einige sehen nichts, alle sind gläubig.

Franziskus rupfte im Liegen das kurze Gras der Klippe aus, und gab es einem Schäfchen aus der Hand zu fressen. Der Herr, der die Sterne lenkt, sagte er streichelnd, hat auch über dich gewacht, mein Schäfchen. Gestern Abend weidete dieses Thier auf einem Felsstücke, das jetzt dort unten im Meere liegt. Eben vorher, ehe es losging, kam die Frau zum Melken, und als sie sah, daß der Platz abgeweidet war, band sie ihr Schäfchen etwas weiter vom Rande des Felsens an den Pflock. Kaum war sie damit fertig, als das Stück sich krachend ablöste.

Du nimmst den Spruch: „es fällt kein Sperling vom Dach", sehr wörtlich.

Alles oder nichts ist Zufall.

Falsch! Gar vieles ist Zufall im Leben. Daß jenes Felsenstück nach langer Verwitterung sich abtrennte, war wohl eben so wenig ein Zufall als daß die Frau um jene Zeit zum Milchen ging, es war ihre Stunde, die Zeit, wo sie jeden Abend dieses Geschäft verrichtete. Gesetzt aber, ihre Wanduhr wäre zu spät gegangen, oder sie hätte sich unterweges in ein Gespräch eingelassen, oder irgend ein Umstand von hundert möglichen hätte dieselbe nur um einige Sekunden aufgehalten?

Die Vorsehung wollte es nicht.

Die Vorsehung ist ein großes physisch, sittliches Weltgesetz, nicht mit der Krämerelle zu messen. Die Vorsehung ist meine Religion. Aber Zufall ist auch etwas. Nur durch die Annahme des Zufalls gewinnt die Welt in meinen Augen eine heitere Farbe. Es bleibt etwas übrig für das Lustspiel. Der Prädestinationsglaube ist ein gar trauriges Ding. Bloß durch diesen Glau=

ben sind die Türken so ernsthaft traurige Thiere Indem sie den Finger der Vorsehung überall erblicken, ziehen sie ihre eigene Hand zurück, und beten an. Der Prädestinationsglaube schwankt ewig zwischen zwei Extremen, der Tollkühnheit und der Muthlosigkeit, jenes im Glück, dieses im Unglück.

Der Christ, sagte Franziskus, wird durch den unbedingten Glauben an die allwaltende Vorsehung weder tollkühn noch muthlos gemacht. Vor dem Ueberschätzen seiner Kräfte bewahrt ihn die Demuth, vor dem Versinken in Muthlosigkeit das Vertrauen zu Gott.

In der That, sagte ich, ist es die Moral des Christenthums, welche durch ihre Kraft die nachtheiligen Folgen der überspannten Theorie möglichst abwendet. Ueberhaupt, so lange der Mensch sittlich kräftig ist und seine Gedanken wesentlich auf ein großes Ziel richtet, hat es mit dem Einflusse seiner falschen Theorie nicht viel zu sagen.

Ja, einem solchen Menschen muß alles zum Besten dienen, selbst der Teufel. Aber ohne diese Richtung auf das Sittliche tritt der Aberglaube in seiner ganzen Wüstheit zu Tage.

Ist es Aberglaube zu glauben, daß alles was geschieht, nach Gottes weisem und gütigem Willen geschieht?

Die Türken sagen, auf Allah's Befehl. Das kommt auf eins hinaus. Auch die Türken glauben an ein mächtiges, weises und gütiges Wesen. Sie schließen, wie die Christen, den Zufall aus, weil er mit Gottes Allmacht und Allwissenheit zu streiten scheint. Warum wollt ihr aber nicht, ihr Orientalen, daß Gott sich auch ein wenig amusirt. Der Zufall ist in seinem Reiche die intriguante Person. Als wenn alles was geschieht, göttlich wäre. Aber man hilft sich mit einer ohnmächtigen Spitzfindigkeit, man schiebt die sogenannte göttliche Zulassung an die Stelle der göttlichen Vorherbestimmung. Was heißt das: Gott hat diese oder jene Niederträchtigkeit, diesen oder jenen Unfall des Gerechten zugelassen? Bei solchen Reden ist mir immer der Verstand still stehen geblieben. — Es gibt einen Zufall in der moralischen und physischen Welt. Jenen, die Willkühr, sollen wir möglichst beschränken, diesen möglichst aus dem Stegreife zu benutzen suchen für unsere Absichten, wie ein Feldherr die Zufälle in der Schlacht. Solches thut die Weisheit, welche übrigens am seltensten dem Zufall auf ihrem Pfade begegnet. Der Zufall nimmt ab mit der Jugend, mit der Kühnheit, (mit der Thorheit, er stirbt mit dem Witze,) mit der Phantasie und macht alsdann einer weisen Berechnung Platz. Ich kenne so weise und bedächtige Leute, daß sie von jeder Zufälligkeit, auch der glücklichsten, geängstigt werden. Der alte Gurlitt, weiland Direktor am Hamburger Johanneum, erschrak ordentlich, wenn einer seiner Schüler zufällig einen Witz riß. In der That ist der

Witz eine zufällige Combination, so wie mancher Zufall der beste Witz. Zum Beispiel, wenn die Frau Morgen über ihr Schaaf hinstolpert und es todt drückt, das wäre ein guter Witz über deine Lamms-Prädestination. Desgleichen, wenn sie ihren Fuß an diesem Strick verwickelte, fiele, ein Bein bräche und in Folge dessen das Zeitliche segnen müßte.

Du bist ein Spötter, sagte er, aber du kannst mich nicht kränken. Du hast ein wahres Wort gesagt, dem Frommen muß alles zum Besten dienen. Er wird stets die sogenannten Zufälle aus einem höheren Gesichtspunkte betrachten und dem Prediger des Ohngefährs sein Ohr verschließen.

Ein Gewitter steigt auf, aus Südwest. Wenn mich nun zufällig der Blitz erschlüge, so wirst du meinen Tod zum Vehikel einer erbaulichen Betrachtung über die strafende Gerechtigkeit des Himmels machen.

> Ach, mein Alter, rief er
> Schlügen im gerechten Zorne
> Seine Flammenruthen zu,
> Ach wo blieben die Gerechten —
> Und wo blieben ich und du?

Die Luft war zum Sticken schwül, wir setzten unsern Weg fort. Am südöstlichen Himmel fuhren schwarze Wolken auf wie Pulverwagen, die nach dem Schlachtfelde eilen, einzelne ferne Blitze schlängelten sich plänkernd vorauf, durch die Luft säuselte ein schwacher Seufzer, das Meer nahm eine bintenschwarze Farbe an.

Diese Naturbeobachtungen hinderten mich indessen nicht, einer Erzählung von F. mit großer Theilnahme zuzuhören. Er zeigte mir die Stelle, von wo ein junges Mädchen, angeklagt und festgenommen als Kindesmörderin, einst vom Felsen hinabgesprungen war. Aus dem Gefängnisse wollte man sie eines Morgens vor Gericht holen. Draußen entschlüpfte sie ihren Wächtern, eilte nach dem Rande des Felsens und stürzte sich ohne

Aufenthalt in die furchtbare Tiefe hinab, wo sie zerschmettert und leblos aufgehoben wurde.

Die Gewitterschlacht war prachtvoll, Franziskus sprach einen Psalm von David, vielleicht in dem Augenblicke gedichtet, als die Burg Zion von ähnlichen Donnerschlägen erschüttert wurde; dieses Gedicht wetteiferte in geistiger Erhabenheit mit dem furchtbaren Schauspiele in der Natur.

Viele Helgoländer sprechen das Englische mit Fertigkeit. Die Erlernung dieser Sprache wird ihnen sehr leicht, eine große Zahl ihrer frisischen Wörter finden sie in der englischen Sprache wieder. Der Angelsächsische Dialekt, dieser Grundstoff des englischen Mischlings, ist dem frisischen verwandter, als der heutige Niederdeutsche. Ueberdies waren unter den ersten kühnen Schiffern, die Englands Boden ihrem Schwerdt unterwarfen, frisische Stammgenossen; so soll einer der beiden Hauptanführer der Expedition nach England, Hengist, ein Frise gewesen sein. Ein englischer Geschichtschreiber ist sogar der Meinung, daß Helgoland als das eigentliche Mutterland der

Engländer betrachtet werden müsse, leider nur eine geschichtliche Hypothese, die wieder auf einer geographischen Hypothese beruht, indem sie für das Helgoland der Vorzeit einen bedeutend größeren Umfang voraussetzt, als das Helgoland der Gegenwart oder der nächstvorigen Jahrhunderte aufzuweisen hat.

Da ich gegenwärtig an der Helgolander Vorzeit einen lebhafteren Antheil nehme, so möchte ich mir, soweit die vorhandenen Nachrichten und meine geringen Einsichten in die Naturverhältnisse dieses, der gewaltsamsten Revolution so sehr ausgesetzten wilden Schauplatzes gestatten, eine eigene motivirte Ansicht über letztgenannten seit Herrn Lappenberg in Zweifel gesetzten Gegenstand verschaffen. Der bedeutende Umfang und die diesem Umfange entsprechende große Bevölkerung der ehemaligen Insel galten bis auf diesen achtbaren Gelehrten so ziemlich allgemein für unbestrittene Thatsache. Ich erinnere, daß Professor

Dahlmann, jener Zeit in Kiel, welcher die Geschichte Dithmarschens einer so scharfen und gründlichen Kritik unterworfen hat und überhaupt als Gelehrter bekannt ist, der von kritischer Lauge überfließt, ganz ohne Anstoß von den sieben Kirchspielen auf Helgoland in seinem Colleg zu sprechen pflegte.. Erst Herrn Lappenberg, Professor und Archivarius in Hamburg, blieb es vorbehalten, die unsichere Quelle jener Nachrichten, worauf die allgemeine Meinung sich stützte, nachzuweisen und mit der alten Sage einige Schriftstellen aus Adam von Bremen und andern alten Pergamentgebundenen, zu konfrontiren, welche von der angeblichen Größe des ehemaligen Helgolands nichts zu wissen schienen. Der Aufsatz des Herrn Lappenberg wurde in Kurhaven den Naturforschern vorgelesen, die im Jahre 1830 von Hamburg aus der berühmten Nordseeinsel einen Besuch abstatteten, und dem Herrn Professor für seine Mühwaltung, den Sa=

genreiz der zu besuchenden Insel zu zerstören, in jenem Augenblicke vielleicht nicht so dankbar waren, als dessen Fleiß und guter Wille es verdienten. Hinterher erschien dieser Aufsatz im Druck. Bei A. Siemens fand ich denselben auf dem Pulte und las ihn mit Interesse und Anerkennung der gelehrten Zurüstung des Verfassers wiederholt durch. Lappenberg benutzte die fehlerhafte Zeichnung der Meierschen Karte von Helgoland aus dem Jahre 1649, um die Richtigkeit der beiden voranstehenden Karten von noch früherem Datum zn verdächtigen. Allein ich sehe aus Dankworths Beschreibung der Herzogthümer, welcher die Meierschen Landkarten einverleibt sind, daß diese nach einem anderen Ruthenmaße gezeichnet sind, als Herr Lappenberg annimmt, und daß jener Fehler im Original minder plump erscheint. Ich bemerkte ferner, daß Herr Lappenberg die Nachrichten des Adam von Bremen u. s. w. ein wenig zu Gunsten sei=

ner Ansicht zu deuten liebt, und daß alle diese Stellen, geschweige etwas gegen die ehemalige Größe von Helgoland auszusagen, diese Annahme zu begünstigen scheinen. Müßte es uns nicht überall Wunder nehmen, daß man einer unbeträchtlichen und nur „von wenigen Einsiedlern bewohnten" Insel wegen, so große und kostspielige Bekehrungsanstalten traf und ganze kaiserliche Missionsheere dahin ausrüstete? Auch geschieht in diesen Berichten ausdrücklich **mehrerer** daselbst durch Missionäre gestifteten Kirchen Erwähnung. Endlich ist es mir aufgefallen, daß Herr Lappenberg gar keine Rücksicht nimmt auf die Zeugnisse der Natur, auf das Senkblei des Schifffahrers, auf analoge Zerstörungen, welche die benachbarten Inseln der Nordsee betroffen haben. Ich will diesen Gegenstand noch fleißig untersuchen. Es sollte mir lieb sein, wenn sich hinlängliche Stützen für die alte Sage fänden. Die besten Stützen, das sehe ich ein, ruhen im Grunde des Meeres, zu welchem der Archivarius sich nicht hinabgelassen hat.

Es existirt auf Helgoland eine deutsch geschriebene Chronik, die in uralte Zeiten zurückgeht; sie nennt das Jahr und den Tag, wo Sturmfluthen wütheten, Kirchspiele abgerissen wurden, benachbarte Inseln ihren Untergang fanden u. s. w. Dieselbe würde die merkwürdigste und älteste Chronik in der Welt sein, wenn sie nicht eine schlechte Kompilation aus gedruckten Büchern wäre. Die eigenen Nachrichten von den Vorfällen auf Helgoland beginnen mit dem Ende des 11ten Jahrhunderts und erstrecken sich über einen Theil des achtzehnten. Diese Nachrichten sind dürftig und wenig belehrend. Einiges Interesse haben jedoch die Schilderungen der kriegerischen Vorgänge im Jahr 1709, als die dänische Flotte vor Helgoland erschien und nach schwacher Gegenwehr die schleswigische Besatzung zum Abzuge nöthigte. Herr von der Decken erzählt bei dieser Gelegenheit, daß die Helgolander, über den Wechsel der Herrschaft gleichgiltig, den Kommandanten zur Uebergabe gezwungen hätten. Davon finde ich nichts.

Sonstige geschichtliche Denkmäler sind auf Helgoland nicht anzutreffen. Jene handfesten christlichen Apostel, welche hier das Kreuz aufpflanzten, beeiferten sich, alle steinernen und hölzernen Symbole des Heidenthums bis auf die letzte Spur auszurotten. Ob sie diese Symbole auch aus dem Fleische der Helgolander vertrieben haben, lasse ich dahingestellt. Ich meine jedoch, daß die Helgolander, gleich den übrigen Bewohnern des Nordens, ein gutes Stück Heidenthum der Räucherung ihrer Pfaffen entzogen und frischblutig erhielten. — Eine Art von christlichen Reliquien gab es noch im siebenzehnten Jahrhundert; die vornehmste war eine kleine Glocke, die in alter Zeit an den Strand geworfen, vielleicht einem gestrandeten Schiffe, oder

einem durch Sturmfluthen weggerissenen Kirch=
thurm einer benachbarten Insel der Nordküste
angehört hatte. Mit dieser Glocke verbanden
die Helgolander einen abergläubigen Gebrauch.
Wenn Einer Westwind haben wollte, so füllte er
sich die Glocke mit Bier oder Wein, und leerte
sie, unter Anrufung der heiligen Maria oder sonst
einer Heiligen, andächtig aus. Dann setzte sich
der Wind allmählig nach Westen um. Hans
Poggewisch, ein holsteinischer Ritter, der, bei
konträrem Winde auf der Insel zurückgehalten,
sich diese Glocke Abends bringen ließ und richtig
für den künftigen Morgen sich einen gelinden
Westwind soff, dieser brave Mann konnte sich
nicht genug über die Tugend der Glocke verwun=
dern. Sein Schiffer, der mitzechte, war Luthe=
raner. Dieser wandte sich an keine Heiligen,
sondern direkt an den lieben Gott, und zwar
wünschte er, einen Süd=Westwind zu bekom=
men; allein der liebe Gott nahm keine Rücksicht

darauf. Nach Einführung der Reformation that die Glocke auch keine Dienste mehr und ein dänischer Kommandant ließ sie als Suppenglocke über das Felsenthor hängen. Ehemals stand nämlich das Haus der Kommandanten oberhalb der Treppe und diente zugleich als Thorweg für alle, welche die Treppe herauf= und hinuntergehen wollten. Hier war die Wache, und ein Schilderposten ging auf und ab als Luginsmeer, Thorwärter und Paßoffiziant.

Zu den früheren historischen Merkwürdigkeiten von Helgoland rechnen die Einwohner die alte Radborgsburg, deren Trümmer noch Jahrhunderte lang den südöstlichen Saum des Felsens bedeckt haben sollen, bis sie mit ihrer Unterlage in's Meer versanken. Radbord war ein mannhafter frisischer König, der, nach seiner Vertreibung durch die Franken, hier, im Mittelpunkte der frisischen Seebezirke, der zugleich ein religiöser und ein politischer Mittelpunkt für die

Frisenstämme gewesen zu sein scheint, eine sichere
Zuflucht und einen Sammelplatz für neuzuwer=
bende Heere zu suchen kam. Das Gewisse ist,
daß man diesen Theil des Felsens, ehe er zusam=
menstürzte, mit dem Namen des Radborgberges
belegte; wenigstens halte ich eine andere Erklä=
rung dieses Namens, die vom rothen Berge, für
sehr unpassend, da das Gestein des ganzen Fel=
sens röthlich ist und man aus dem wechselnden
Spiel dieser Farbe, die bald in's Braune, bald
in's Gelbliche, bald in's Blutrothe übergeht,
schwerlich eine besondere Benennung für irgend
eine Parthie des Felsens entlehnt haben wird.
Eine andere Bewandtniß hatte es mit dem Na=
men der Wittklipp, oder der weißen Klippe,
welche nordwestlich von der Sandinsel lag und
im Laufe des vorigen Jahrhunderts der Zerstö=
rung unterlegen ist. Es war ein isolirter Kreide=
felsen, weißschimmernd, und nur am Fuße und
an den Abhängen mit saftigem Grün bewachsen,

welches den Viehheerden der Helgolander zur Weide diente. Wenn es wahr ist, daß granitne Felsblöcke mehre Klafter tief zwischen Helgoland und der Wittklipp liegen, so würden diese steinernen Zeugnisse von einer alten längstverschwundnen Königsburg hinlänglich giltig sein, um die Sage zu bekräftigen und den Mangel schriftlicher Autoritäten in etwas zu ersetzen.

Ich habe bemerkt, daß Fremde, wenn vom früheren Umfange Helgolands nach den Maßstäben der Sage und der Meierschen Karte die Rede ist, gewöhnlich nur den Felsen vor Augen haben und alle sieben Kirchspiele dem Rücken des Felsens aufladen. Dies ist jedenfalls eine durchaus irrige Ansicht. Den ehemaligen Umfang des Felsens sieht man noch jetzt mit bloßen Augen, der Wind, der die Brandung gegen die Klippen peitscht, bezeichnet die äußerste Peripherie dieser Klippen mit einem Kranze von silbernen Schaumlilien, und innerhalb dieses Kreises fluthet das Meer mit purpurnen Wellen, welche der aufgelöste rothe Thon der Klippenunterlage zu färben nicht aufhört. Wenn von der Größe des ehemaligen Helgolands, von Dörfern und Wäldern, von Bächen und Burgen geredet wird, so muß man sich als Substrat dieser physischen und gesellschaftlichen Reichthümer ein bescheiden niedriges, den Ueberfluthungen des Meeres ausgesetztes Wischland denken, sich das Bild einer der fruchtbareren Inseln an der Küste von Schleswig vorhalten. Es gehört zu den Irrthümern des Herrn Lappenberg, die ganze Meiersche Karte für eine Felsenkarte gehalten zu haben; daraus zieht er dann Folgerungen gegen die Aechtheit derselben, die nicht bündiger sein können, wenn anders die Voraussetzung wahr wäre.

Der Generallieutnant von der Deken entwirft einzelne starke und treffende Züge von den Helgoländern, aber diese Züge vereinigen sich nicht zu einem Gesicht, die Augen sitzen gleichsam hinter den Ohren, die Nase erwartet gleichsam ihre Zusammenfügung mit der Stirn, kurz es fehlt an natürlichem Zusammenhang der Lineamente. — Doktor Salomon hat gar keine Zeichnung, er bedient sich nur eines gemüthlichen Wischers. Der Mann ist zu weich und süßlich für diese Klippen und Menschen. Von seinem Felsen träufelt Honigseim; seine Helgoländer sind allerliebste gutmüthige kandirte Kerlchen, mit goldbeflitterten Ruderstangen und einem Anfluge von Ver=

wogenheit, der sich in Zucker gar possierlich ausnimmt.

Wären die Helgolander nicht zum Theil aus ihrem natürlichen Element herausgerissen, dann würde es mich nur wenige markige Striche kosten, ihre Figur als natürliche Staffage des einsamen, meerumrauschten Felsens hinzuwerfen. Aber diese Kontinentalsperre, diese Badeanstalt mit ihren verwirrenden demoralisirenden Einflüssen, sie äffen jeden reinen natürlichen Ansatz und umgaukeln des Zeichners Auge mit fratzenhaften Einzelheiten. Beide, die Kontinentalspeere und die Badeanstalt haben einen Riß in diese kleine Gesellschaft gebracht, der nach allen Seiten hin weiter klafft und die Grundfeste ihres Lebens mit noch früherer Zersplitterung und Auflösung heimzusuchen droht, als solche über ihre Felsen verhängt zu sein scheint. Hoffe und wünsche ich freilich, daß das Schicksal festere Klammern, wie für den Stein, so für die Herzen aufbewahrte, muß ich doch für letztere eine große Bedingung an die Regenerazion und Befestigung eines sittlich naturgemäßen Daseins knüpfen, nämlich die, daß die Badeanstalt entweder aufhört oder mindestens ein stärkeres Gegengewicht an der Schifffahrt und an dem Lootsenwesen erhält. Die Helgolander selbst, ich meine die ächten Helgolander, haben das tiefste Gefühl dieser Nothwendigkeit. Aechten Helgolandern mißfällt dieses fremde Treiben, dieser unseemännische Verdienst im Innersten ihrer Seele. Fragt den braven Lootsen, der euch zum Baden hinüberrudert nach der Sandinsel, welchen Verdienst er vorzieht, diesen gefahrlosen, sicheren, lustigen, horchenden, gesellschaftlich unterhaltenden, oder den Dienst im Sturm, wenn er mit der Barke an das Signal gebende Schiff fliegen muß. Jenes, sage ich euch, dünkt ihn Galeerensklavenarbeit, in Vergleich mit diesem, worin er einzig das Geschäft eines edlen stolzen Helgolanders sieht.

Aber leider gehört es zu diesem Stolze, daß er träge ist, daß er sich verzweifelnd ruhig in sein Schicksal fügt, daß er kein besseres aufsucht, daß er unthätig auf seinem Felsen rastend, über die Brustwehr hinausschauend, auf irgend eine stürmische Wendung der Dinge hofft, welche ihm mit vollen Segeln das alte Glück wieder zuschwimmen läßt. In der That ist seine Geschichte, so weit man für Helgoland Geschichte vindiziren kann, die Geschichte von Ueberraschungen, welche von außen her, wie Sturmvögel, über den Felsen hineilten. Ihr Christenthum, um von der ältesten Zeit anzufangen, ist eine Ueberraschung durch kühne Missionäre, welche unvermuthet an's Land stiegen, und nach Zertrümmerung der Götzenbilder wieder in der See verschwanden. Im Mittelalter überraschte sie der Heering und verließ sie ebenso plötzlich, nachdem er ihren Wohlstand gehoben und sie in Verbindung mit der Hansa gesetzt hatte. Von den

Ueberraschungen und Vortheilen, welche ihnen fortwährend landende Piraten, deren respektirte Herbergsväter sie waren, und nachsetzende Piratenverfolger zu gewähren pflegten, von diesen Ueberraschungen sprechen ihre Chroniken und die bluttriefenden Annalen des Hamburger Grasbrookes. Im Anfange des vorigen Jahrhunderts überraschte sie die dänische Flotte mit einer neuen Herrschaft, im Anfange des jetzigen die großbritanische mit einer deßgleichen und mit Ladungen von Zucker, Kaffee, Gewürzen, Stoffen, welche das armselige Eiland zum reichsten Waarenlager in Europa erhoben. Auch die jetzige Badeanstalt war gewissermaßen eine Ueberraschung für Helgoland, das Geschenk eines einzigen thätigen Mannes, welcher durch dieses ihm selbst verhaßte Mittel der verzweifelnden Nahrunglosigkeit, der entsetzlichen, bereits dem Wucher preisgegebenen Verarmung und deren unausbleiblichen rasch zerstörenden

Folgen entgegenzuwirken sich entschloß, eine
Stiftung, die anfangs nicht das mindeste Ver=
trauen erregte, ja sogar mit ihrem Stifter und
ihren ersten Badekarren ins Lächerliche gezo=
gen wurde, bis sie durch die ersten Besucher und
den jährlich sich vergrößernden Anwuchs dersel=
ben den überraschten Helgolandern ihre Existenz
und ihre Wichtigkeit aufdrängte.

Diese Badeanstalt! störend tritt sie in mein
Bild, wie in das Leben der Helgolander ein.
Was ist in meinen Augen der Helgolander, wenn
er kein Seemann mehr ist, wenn er kein Ge=
werbe treibt, das sich auf das Schiff bezieht.
Was ist er sich selbst und seinen Brüdern, wenn
er das freie, weite Meer, den gemeinschaftlichen
Acker seiner Vorfahren, das grüne Feld der
Mühe und der Ehre verläßt, und auf dem engen
Raum seiner Insel, Kopf an Kopf und Haus
an Haus die Mittel der Existenz gewinnen, einem
neidischen, selbstsüchtigen, trägen und ruhmlo=

sen Erwerbe fröhnen muß. Charakter der Helgolander, was wird nach zwanzig, funfzehn, zehn Jahren davon übrig bleiben? Welche Aehnlichkeit wird der alte Lootse und Fischer mit dem jungen Besitzer eines Hôtel garni, welche Aehnlichkeit die Balldame „des Conversazionshauses" mit der Tänzerin „im rothen Wasser" behaupten? Ich fürchte, immer noch eine, aber keine erfreuliche. Wenn auch nach dieser Seite hin nicht alles Charakteristische völlig zerstiebt, so wird es einen häßlichen Ausdruck annehmen, die seeische Naivität der früheren Erscheinung verlieren. Ich bin weit entfernt, in dem Helgolander der Vorzeit, in dem Helgolander, der nach seiner rauhen Bestimmung lebt, ein Wesen der Idylle, einen Geßnerschen Fischer zu erblicken. Ich erstaune gar nicht, wie Herr Salomon wohl thun muß, wenn ich von seinen früheren Ausschweifungen, seiner Habsucht, seiner Verschmitztheit u. s. w. lese und mich noch gegenwärtig an lebendigen Beispielen, von einer tiefen Spur mancher dieser Eigenschaften überzeuge. Es ist ein gewöhnliches Vorurtheil, wonach man Seemannsnatur mit einer gewissen ungeschlachten Biederkeit, Aufrichtigkeit und Herzlichkeit verwechselt. Solche findet man eher auf den Alpen, in den Gruben deutscher Bergwerke, als auf der deutschen See und den Inseln und Felsen welche der Ahnherr des Engländers, der frisische Seelöwe bewohnt. Von außen rauh und schlicht verbirgt er eine Welt von Heimlichkeiten, Klippen und Untiefen in seinem Busen; man muß sein sehr guter Freund sein, um das richtige Fahrwasser in ihm zu kennen. Ich glaube, daß er von Natur lebhaft, offen und geschwätzig ist, wie sein leichtfließendes, salzgeschwängertes Blut erwarten läßt und wie seine Kinder und Weiber zu bestätigen scheinen. Aber der Umgang mit der See, gegen deren Tücken er immer auf der Hut sein muß, das einsame Netzwerfen, die beschwerdenvolle Arbeit, die schaurigen Morgen, die Augenblicke der Gefahr, wo er dem Tode ins Angesicht sieht, alles dies macht ihn zum ernsten, kalten, lauernden Beobachter und drängt die unbedachte Lebhaftigkeit in sein Inneres zu= rück, wo sie oft als Grille, Vorurtheil, Phan= tasie, Dialektik wieder erscheint, oder mit dem Eigennutze zu heimlichen Intriguen und Schleich= wegen sich verbindet. Schlauheit sieht den Hel= goländern aus den Augen, und wahrlich, der Maler des bekannten anmuthigen Bildes, eine Helgoländer Brautwerbung vorstellend, konnte keinen größern Mißgriff begehen, als seinem jungen Fischer die grundehrliche Physiognomie eines verlegen niederschauenden Bauerntölpels von der Holsteinischen Geest zu leihen. Aber so lange sich diese Schlauheit als eine Tochter des Meeres und der Klippen zu erkennen gibt, so lange trägt sie einen poetischen Charakter, so lange hat sie mit nichten jenes Gemeine und

Widerwärtige, welches sie in Verbindung mit
einem weniger edlen, freien und kühnen Gewerbe,
und nun gar mit Sklavensinn, Unterwürfigkeit
und schmeichelndem Egoismus anzunehmen pflegt.
Weder in dieser Hinsicht, noch über den angeb=
lichen Eigennutz und die verschrieene Habsucht
der Helgolander, lasse ich mir von der Verleum=
dung etwas einreden. Ebenso wenig möchte
ich ein Langes und Breites über seine Ehrlich=
keit schwätzen und mit der Rührung des Men-
schenfreundes den sentimentalen Umstand hervor-
heben, daß die Helgolander ihre Thüren nicht
zu verschließen brauchen, weil unter ihnen nicht
gestohlen wird. Im Vorbeigehen, ihr guten
Leute und schlechte Menschenkenner, auch auf
Helgoland kann gestohlen werden, auch auf
Helgoland kann die Verzweiflung, der Hunger,
die von bitterem Frost verklammerte Hand sich
nach fremdem Gute ausstrecken. Es gibt hier
Diebstähle, obwohl keine Diebe im civilisirten

Sinne des Worts. Die Unehrlichkeit, oder vielmehr das offene Verbrechen kann hier nur wenige Schritte thun, ohne Gefahr sich den Hals zu brechen. Aber zum Henker, was wollt ihr sagen mit der Ehrlichkeit, die nicht stiehlt und der man Tabatieren und goldene Uhren im verschlossenen Zimmer ruhig zurücklassen kann. Gehört Helgoland oder eine der Nordseeinseln zu den Labronen der Südsee? Ihr glaubt immer, daß die armen Leute euch bestehlen wollen, ihr verleumdet die Armuth, indem ihr den Helgolandern ein überflüssiges und lumpiges Lob ertheilt. Besser hättet ihr gethan, wenn ihr euch über die eigentliche Natur der Helgolander Ehrlichkeit nach sittlichen und natürlichen Bedingungen aufgeklärt hättet. — Die Helgolander Ehrlichkeit wurzelt im deutschen Stammcharakter, ist aufgewachsen in freier See, gewiegt von Stürmen, nicht angeschnürt an das Holz der Moral. Die Helgolander waren stets ehrlich unter sich, der Zug lag in ihrer guten deutschen Natur, der Zwang überdies in den Verhältnissen. Ihr Gewerbe, Fischerei und später das Lootsen, trieben sie, wie noch jetzt, vereinigt in Compagnien, die nach festen Regeln Arbeit und Verdienst unter ihre Mitglieder theilten. Mag Armuth oder Weisheit ihnen diese Einrichtung vorgeschrieben haben — diese wahrhaft republikanische Einrichtung, welche den vereinzelten Egoismus unterdrückte, den kleinen Staat auf lebendig verschlungenen Pfeilern emporhielt und in Folge ganz vortrefflicher einzelner Bestimmungen noch außerdem Greisen, Kindern, Witwen einen liebevollen Antheil am Erwerbe zufließen ließ — auf Ehrlichkeit, wie auf die Klugheit, ehrlich zu sein, war sie ganz berechnet, da an eigentliche Kontrolle nicht zu denken war. Betrügen wir uns untereinander, so betrügen wir uns selbst, diese Wahrheit prägte das kleinste Nachdenken in die Köpfe; und bedurften

sie überall einer Stütze ihrer Ehrlichkeit, so war
ihnen hier die festeste beigemauert. — In ihren
Berührungen mit Fremden trug ihre Ehrlichkeit
eine weitere Jacke. Sehet da, ein kleines Eiland
einsam gegen die Welt. Ein Klippennetz, in
welchem sich reichbeladene Schiffe fangen. Eine
arme, kümmerlich ihr Leben fristende Einwoh=
nerschaft, an der man mit günstigem Winde
lachend vorüberzieht und der man im Sturm
schreiend und bringend die erhabenste Uneigen=
nützigkeit, die unbedenklichsten Aufopferungen
zutraut! Wenn sich die Welt nur einmal um sie
bekümmert hätte, ohne durch augenblicklich drin=
gendste Noth dazu getrieben worden zu sein. Der
Helgolander war nicht gefühllos gegen Ehre und
Vertrauen. Hätte man seine mühselige, gefahr=
volle, lebenrettende, güterbergende Stellung ein
wenig anerkannt, hätte man durch Verträge,
die seine Wohlfahrt sicherten, und sein Pflicht=
gefühl wie seine Dankbarkeit in Anspruch nah=

men, ihn auf einen anderen Fuß, als den krie=
gerischen, worauf ihn die Natur stellte, zu den
Interessen der Civilisation und der Humanität
zu bringen gewußt, so würde, dies traue ich
ihm zu, die schifffahrende Welt selten oder nie=
mals Ursache gehabt haben, sich über seine Auf=
führung zu beklagen. Aber eine solche Anerken=
nung ist ihm nie zu Theil geworden. In den
Augen der reichen fetten Kaufherren von Ham=
burg und Bremen waren und blieben sie stets
wilde Bewohner eines verrufenen Eilands, mit
denen man nur kapitulirt, wenn man in Noth
ist und an ihre Küste verschlagen wird. Was
Wunder also, daß diese wilden Insulaner in
solchen Nothfällen sich gerade nicht beeilten, eine
bessere Meinung von sich zu erregen! Was Wun=
der, daß sie die Noth in die Presse nahmen, daß
sie mit ihren Böoten auf ein festgeranntes Schiff
zueilten, wie die Spinne auf ihre geflügelte
Beute, daß sie zwischen Bergung und Verber=

gung der Strandgüter keinen großen Unterschied machten, und überhaupt vorzugsweise mit ihrem eigenen größtmöglichsten Vortheil beschäftigt waren. Wahrhaftig, sie sahen in allem diesem gar nichts Unehrliches; je mehr, je lieber, je reicher, je besser; ihr Gewissen verbauete das ganz königlich. Und was war's denn auch? Thaten sie mehr, als alle Welt? Steht nicht die Habsucht an jedem Strande und erwartet den Scheiternden? Man muß alle Dinge in ihr rechtes Licht stellen und sich durch verschiedene Namen und Hantierungen nicht täuschen lassen; so ist des Pfaffen Strand ein Beichtstuhl und sein leckes Schiff ein gebrochner knieender Sünder — und, wer weiß, wer beim Vergleiche am schlechtesten fährt! Es° ist leichter, einen knieenden Sünder, als ein sitzendes Schiff aufstehen zu heißen. Es ist leichter in Rom zu sagen: dir sind deine Sünden vergeben, als bei Helgoland dem Sturm zu gebieten. Ihr seid alle hab=

süchtige Menschen, aber nicht, wie die Helgolander, mit Gefahr, mit Verachtung eures Lebens. Und, zur Ehre der Helgolander, sei's gesagt, diese Klippen sahen manche hochherzige That, die keine Zeitung ausklatschte und kein Bürger besang, Rettungsversuche im tollsten Unwetter, auch ohne Aussicht auf große Beute, auch zur Erhaltung eines nackten Menschenlebens, das in den Wogen zu versinken drohte.

Falkensichtige, beutegierige Augen umstreiften Jahrtausende lang von oben herab den Horizont. Diese Augen sehe ich noch jetzt auf dem Hügel des alten Leuchtthurms und am Fallm, Naturwunder an Schärfe und flüchtiger Beweglichkeit, die von der Wolke im Zenith des Himmels unmerklich zu der Tiefe hinabgleitet. Sie schrecken mich nicht in der Natur, in ihrem edlen wilden Instinkt; aber sie schrecken mich, wenn sie zahm und unheimlich durch einen Schleier blicken, wenn sie einem Krämergesicht angehören, wenn sie den Egoismus einer kleinlichen feigen Existenz verrathen..

Da bin ich wieder bei der Badeanstalt, und ich sehe wohl, ich kann heute nicht eher die Feder niederlegen, als bis ich einen Trumpf darauf gesetzt habe. So behaupte ich denn, selbst der Umgang mit Piraten wäre den Helgolandern zusäglicher, als die Vermischung mit den Kurgästen. Haben ihre Vorfahren einst mit Klaus Stortobecker, Wiben Peter und wie die langbärtigen wilden Gesellen alle hießen, Kameradschaft getrunken und feiernd lustige Nächte bei Würfelspiel und Becher verschwelgt, so behaupte ich, diese edle Kameradschaft war weniger im Stande, sie zu ruiniren und in ihren natürlichen Grundfesten zu erschüttern, als das rouge et noir der heutigen Bank und die Berührung mit der fashionablen Gesellschaft des Continents die sie mit ihrem Besuche beehrt. Ihre Väter spielten nach einer solchen wüsten Nacht das hohe Spiel der See; für sie aber wird in kurzem nur der grüne Tisch, nicht das grüne Meer den Reiz des Wagnisses haben. Ihre Väter betranken sich auf die Gefahr zu ertrinken; sie laufen nur den Risiko eines Katzenjammers. Und ob die Sitten ihrer Weiber und die Unschuld ihrer Töchter unter Seeräubern größere Gefahr liefen, als in Gesellschaft der Elegants von den Linden und dem Hamburger Jungfernstiege?

Der Gouverneur, Sir King, ehemaliger engli=
scher Officier, hat ein rothes frisches Gesicht,
einige Aehnlichkeit mit dem höchstseligen King
George. Bei Waterloo holte er sich ein steifes
Bein, das ihm auf diesem krüppeligen Eilande
zu Statten kommt. Er trägt Civilkleider, einen
blauen Leibrock mit gelben Knöpfen, feine Wä=
sche, einen Kastor, den er selten zieht und eine
Lorgnette, die er häufiger in Anspruch nimmt.
Er ist der einzige Repräsentant von England auf
dieser Insel, seitdem die Besatzung zurückgezo=
gen worden, eine Maßregel, welche des sparsa=
men Herrn Humes desfalsigen Antrag im Par=
lament veranlaßte. Die Besatzung war in der

That überflüssig. Bei ausbrechendem Kriege kann man leicht einige Dutzend Soldaten wieder hinaufwerfen. Helgoland ist übrigens keine militärische Position und in seinem jetzigen Zustande mehr negativ bedeutend. Aber wer Helgoland nehmen will, muß erst die englische Flotte nehmen, um ruhiger Besitzer und Nutznießer der vortheilhaften Lage der Insel zu werden. Freilich, besäße Helgoland einen Hafen, wo Kriegsschiffe vor Anker gehen könnten, dann würde jede Flagge, die von Helgoland wehte, stolz und verächtlich auf ihre Gegnerin herabsehen dürfen: Helgoland wäre das Malta der Nordsee. Welchen Nachdruck hätte Napoleon, im Besitze dieses Felsens und eines solchen, durch die Kanonen desselben geschützten, Hafens, seinem furchtbaren, aber nur zu sehr durch Hollands und Helgolands Schmuggelei durchlöcherten Dekret von Berlin verleihen können! Wie sicher wäre eine Abtheilung der dänischen Flotte unter Helgoland dem gemeinsamen Schicksal vor Kopenhagen entronnen! Mit dem Gelde, was ein Paar von den weggenommenen Linienschiffen kosteten, hätte der König von Dänemark hier einen Kriegshafen und damit einen militärischen Punkt in der Nordsee sich schaffen können, der ihm die Elbe und die ganze Westküste des Königreiches gesichert und ihm eine respektable Neutralität zu behaupten vergönnt hätte. Das jetzige Helgoland befindet sich am besten in den Händen der Engländer; sie allein können es brauchen und haben die Macht, es zu schützen. Den Dänen war die Insel eine Last, sie haben niemals Vortheile davon gezogen. Die Abgaben, die sie erhoben — ich glaube, dieselben beliefen sich auf 2000 Rthlr. — verzehrten die Beamten und die rothröckigen Schlucker, die hier in Garnison lagen; Soldatensträflinge von Glückstadt, die man hieher, wie in ein Korrektionshaus schickte. Was dagegen die Helgolander selbst betrifft, so können sie, den jetzigen Verhältnissen nach, den Wechsel der Herrschaft nur bedauern. Es ist ihnen im Grunde einerlei, ob der Gouverneur dänisch oder englisch spricht, sie betrachten sich darum weder als Dänen, noch als Engländer. Aber es kann ihnen nicht gleichgültig sein, ob ihr Lootsenwesen Schutz oder Vernachlässigung, ihre Rechtsbeschwerden Gehör oder nicht finden. Unter Dänemark waren sie dänische Staatsbürger, gleich allen übrigen. Unter England sind sie Kolonisten, gleich den Bewohnern von Jamaika und Bombay.

Die juristische Stellung des Gouverneurs zu den Beamten und Einwohnern auf Helgoland ist mir indeß nicht klar geworden. Ist der Gouverneur nur ein Kommandant ohne Besatzung, ist er nur der Fahnenträger von Englands Herrschaft; oder bekleidet er ein obrigkeitliches Amt, und welchen Umfang hat dieses, durch welche Grenzen ist es markirt und von der Willkür geschieden? Kein Helgolander weiß mir hierauf Antwort zu geben. Wie sollten sie auch). Niemand hat bisher einmal die Vollmacht gesehen, kraft deren Sir King in Englands Namen auf Helgoland residirt, geschweige daß Einer sich rühmen könnte, die Instruktionen desselben in Augenschein genommen zu haben. Eine englische Brigg setzte einen Herrn an's Land, der sich als den Nachfolger von Sir Hamilton ankündigte und als solcher das Gouvernementshaus bezog. Das war alles.

In der That berühre ich da große Mißstände in der englischen Verwaltung. Sie verhängt über Helgoland einen Zustand der Rechtsunsicherheit, der viel schlimmer ist als das einzelne Unrecht, das geschehen mag. Dieser Zustand ist leider nur zu sehr geeignet, die Stärke der Charaktere zu brechen und dem unabhängigen Rechtssinn, dem Stolze freier Friesen, einen gefährlichen Stoß beizubringen. Helgoland ist nicht England und alles Haar auf den Köpfen der Helgolander wiegt nicht so viel als ein einziges Härchen auf dem Haupte des Britten, das nicht ausfällt oder ausgerupft werden darf, ohne den Willen des Gesetzes.

Dennoch möchte ich Helgoland für's erste in keinen anderen Händen sehen, als in großbritanischen. Hannover wäre der Insel vielleicht nützlicher durch Befreiung vom Stader Zoll, Dänemark durch Züglung der Blankeneser Lootsen, auch Hamburgs Oberherrlichkeit wäre nicht zu verachten, da sie vielleicht zu einer Reglung des Helgolander Lootsenwesens in Uebereinstimmung mit der Hamburger Lootsenei von der rothen Tonne an wirksamer als sonst veranlassen möchte. Aber England, England! wenn auch nicht for ever, doch für jetzt, aufgespart für die möglichen Chancen zu einer deutschen Zukunft!

Im Uebrigen ist England stets bereit, einige Guineen für Helgoland springen zu lassen. Es schenkt den armen Helgolandern eine Treppe, besoldet den Gouverneur und nimmt keinen Pfennig von der Insel. Das Einkommen des Gouverneurs von Seiten der Helgolander besteht in der ersten Schnepfe, welche geschossen wird, der sogenannten Gouverneurschnepfe.

Heute Morgen in aller Frühe wurde der Baos durch den Besuch zweier frisischen Stammgenossen von den benachbarten Küsteninseln überrascht. Der Doktor Bohn=Clement, ein junger Frise, der auf Königs Kosten eine Reise nach England und Schottland machen will, ließ das Schiff, womit er vorläufig nach Hamburg segelt, bei Helgoland anlegen; er wollte sich bei dem Baos, der einigen Namen unter den Frisen zu haben scheint, über etwaige Studien und schriftliche Denkmale in der Muttersprache auf der Insel erkundigen. Der Schiffer, ein alter Seewolf, oder Seefuchs, war mit heraufgekommen; er schien eine große Neigung zu dem jungen Mann gefaßt zu haben, der sich der Erforschung ihrer alten Sprache und Stammgeschichte leidenschaftlich widmet. Seit er von der Universität wieder unter uns ist, sagte er, wacht eine neue Liebe zu unserer aussterbenden Sprache in uns auf. — Der Baos lud beide Landsleute und mich zum Mittagsessen, auf Rauchfleisch und Pudding. Den Morgen zeigte er ihnen die Herrlichkeiten von Helgoland, die freilich nur in Naturreliquien, nicht in geschichtlichen bestehen. Der Baos gab dem jungen Reisenden, was er hatte, ein kleines selbstverfertigtes Wörterbuch frisischer Wörter, mit entsprechenden englischen verglichen. Außer dem Lootsenbuche gibt es kein frisisches Denkmal auf der Insel. Das Lootsenbuch mag aus dem siebenzehnten Jahrhundert stammen. Es ist ein Verhörs=Katechismus für angehende junge Lootsen, in Fragen und Antwort eingetheilt, den Kurs vom Lande (Helgoland) nach Kurhafen und von dort her bis nach Glückstadt umfassend, wegen seiner Monotonie für den Sprachforscher ohne Interesse. Außerdem nichts, auch keine alten Lieder, keine Bruchstücke daraus Plattdeutsche Lieder habe ich einigemale singen hören, neueres schlechtes Machwerk, ohne Anflug von Poesie. Ueberhaupt wird die plattdeutsche Sprache, noch entarteter als die frisische, von den Frisen wie eine zweite Muttersprache gesprochen. — Ueber Tisch entspann sich einiger Kampf zwischen mir und dem jungen Sprachreisenden. Er erinnerte mich an eine kleine Streitschrift, die ich vor mehreren Jahren gegen die plattdeutsche Sprache, oder vielmehr gegen die lichtlose, dumpfe, faulende Vegetation derselben ins Publikum schleuderte. Ich las diese Schrift, sagte er, als Heidelberger Student mit mehren andern Norddeutschen; wir glaubten nicht, daß es Ihnen Ernst damit war.

Seltsam, ähnliche Aeußerungen habe ich von Vielen gehört. Es thut mir leid, daß unter allen öffentlichen Gegnern, welche diese Schrift hervorrief, keiner mich reizen konnte, den wichtigen Gegenstand aufs neue und in einer andern Fassung zur Sprache zu bringen. Jene Schrift war auf unmittelbare praktische Wirkung, hauptsächlich auf den einflußreichen Landschullehrerstand berechnet und konnte mich vielleicht in dieser vorgesteckten Beschränkung dem Verdachte eines oberflächlichen unpoetischen Kulturstrebens aussetzen. Ich freute mich auf eine höhere Darlegung, aber ich bin schändlich um diese Freude betrogen worden. Die ganze Debatte strickte sich im deutschen Reichsanzeiger zwischen dem Schulrath Vieth von Dessau und einem würdigen Patrioten ab, der sich auf meine Seite schlug, anderer trauriger Gegner in traurigen Blättern nicht zu gedenken. Auch an einer Menge gelegentlicher Seitenhiebe in Schriften und Journalen fehlte es nicht. Das letzte kam aus „einem holsteinischen Dorfe." Meine Gegner zogen, ohne auf den gegenwärtigen Zustand der Sprache und auf die von mir nachgewiesenen beklagenswerthen Einflüsse derselben Rücksicht zu nehmen, ihre Argumente gegen mich aus der Poesie und dem Prinzip der geschichtlichen Entwicklung; gegen mich, der ich eben, erschreckt durch die Erstarrung der dichterischen und geschichtlichen Fibern im Herzen meiner Stammbrüder, ins Horn gestoßen hatte und als Ankläger eines versunkenen und immermehr versinkenden Idioms aufgetreten war. Nur wenige Freunde begriffen die Natur meines Eifers. Es waren gerade diejenigen, die am meisten Humor und Witz aus der vertrocknenden Quelle des niedersächsischen Sprach- und Volksgeistes gerettet hatten. Dagegen erndtete ich von den farbelosesten und unerquicklichsten Gesellen die meisten Vorwürfe ein; ja zum Theil von solchen, die weder das Volk noch einmal die Sprache kannten und sich in hohlen Redensarten über die schöne Mannigfaltigkeit der

Stämme und Zungen in Deutschland ergingen. Die mit dem Volke am wenigsten sympathisirende liebeloseste Vornehmigkeit bezüchtigte mich „muttermörderischer Versuche"; der Jesuitismus eines Publizisten, dem alles gleich war unter der Sonne, wenn er nur Professor würde, beschuldigte mich eines über den Rhein hergeholten undeutschen Gleichmachersystems; ein ästhetelnder Jude blies mir des Knaben Wunderhorn um die Ohren und lamentirte über meine prosaische Natur. Am Ende mußte ich noch den alten Philister, den Schulrath Vieth in Dessau, für den ehrlichsten Gegner halten und dem am meisten das bedrohete Leben der niedersächsischen Sprache am Herzen ging, er wollte eine Zeitlang in ihr schreiben; er trug bei der Nation, die der Reichsanzeiger repräsentirt, auf Veredlung dieser Sprache durch Schrift, auf eine plattdeutsche Literatur an. Er hatte es also ehrlich im Sinn mit dem Volk und seiner Sprache; er wollte die

Pflege derselben, ich die Ausrottung; beides kann man wünschen um des Volkes willen, und es fragt sich nur, welcher Seite dieser Alternative das Gesetz der Zeit, die Vernunft, der Gang der Entwickelung sich am meisten zuwendet. Die Andern wollten weder das Eine noch das Andere, sie ließen das Volk im quackenden Sumpfe liegen, und meinten, die grünschillernde Sumpfdecke sei frisches blühendes Leben. — Und was konnte ich denn unter Ausrottung der plattdeutschen Sprache verstehen? Kann man einer Sprache Wurzel gewaltsam ausgraben, mit Axt und Säge an ihrem Stamme wirthschaften? Nein. Aber man kann sich die Einsicht verschaffen, daß und wie ein ehemals reicher, kräftiger, schöner Sprachdialekt im Laufe der Jahrhunderte entartet, verdumpft, verarmt, verkommen ist, daß und wie derselbe in gegenwärtiger Zeit einer herrlichen, scharfbetonenden, gedankenreichen, gedankenerregenden, durch deutsches Genie und deut=

sches Gemüth nach allen Seiten ausgebildeten, für alles empfänglichen, alles gewährenden Sprache, einer Sprache, welche seit der Wiedergeburt deutscher Geisterfreiheit sämmtliche Bildungselemente, den Reichthum und die Stärke der Nation ausschließlich in sich aufgesogen hat, feindselig, ja mit bewußter, ich möchte sagen, schadenfroher Feindseligkeit, im Lichte steht. Dieses Bewußtsein kann man sich verschaffen, wenn man geborener Niedersachse ist. Andere haben keine Stimme. Der Niedersachse nur weiß, welche Adern in seiner Muttersprache noch rinnen und welche verstopft sind; er allein kennt die unnachahmlichen Akzente und fühlt, wie viel höhere und niedere Natur sich mit ihnen verbindet; seinem Ohr, und nicht dem des Fremden, ist vernehmlich, was an Fluch und Segen, an Haß und Liebe, an Ironie und Ernst, an Heiligem und Unheiligem, an Wahrheit und Lüge, an Schwäche und Stärke ihm in diesen Lauten

entgegenschallt. Er darf so wenig einen Stutt=
garter oder Berliner als einen Franzosen als
Richter in dieser Sache zulassen.

Und es ist so mächtig als Säge und Beil;
es wetzt und schärft sich an dem schmerzlichen
Gefühle der Lebenshemmung, welche durch den
Kampf einer erstarrenden Muttersprache mit einer
überlegenen, aber vergeblich um den warmen
Hauch der Liebe flehenden Schriftsprache auf dem
alten Niedersachsen drückend ruht; es stählt sich
an der Erkenntniß (wo sie nicht ist, kann und
soll sie erworben werden), daß die niedersächsi=
sche Sprache nicht mehr die alte, sondern sehr ver=
mischt, aufgelöst und verdorben ist, daß innere
und äußere Gründe die Möglichkeit der Vered=
lung, Belebung, Erhöhung derselben zur gebil=
deten Umgangssprache und zur Schriftsprache
bestreiten, und sie stufenweise immer tiefer sin=
kend ohnehin zum Erstickungstode bestimmt ist.
Durch die Verbreitung dieses Bewußtseins, die=

ſer Erkenntniß entreißt man das Volk dem Mit=
sterben mit der Sprache, führt ihm seine,
über einem vergänglichen Naturprodukt stehende
menschliche Freiheit zu Gemüth, löset die geisti=
gen Bande, die es mit der in Verderbniß un=
tergehenden Mundart verketten, rascher auf,
läßt sterben, was sterben muß, und rettet,
wo möglich, die edleren Theile, durch die Ver=
bindung mit dem Lebendigen. — Sprechen
wir Gebildeten nicht das Schriftdeutsche als un=
sere geistige Muttersprache? würde, wenn
es von uns allein abhinge, der niedersächsische
Dialekt sich ein Menschenalter hindurch im ge=
meinen Umgange lebendig erhalten? Dennoch
reden und verstehen wir das Niederdeutsche, Ei=
nige unter uns besser als das Volk, dem dage=
gen das Schriftdeutsche, trotz Schule, Bibel,
geistlicher und weltlicher Lieder, Zeitungen, Ge=
richte, eine unheimische, seellose Sprache bleibt,

und das sich wie durch eine Kirchhofsmauer vom Leben der Zeit abgeschlossen findet.

Alle Sprachforscher müssen die Verfallenheit des niedersächsischen Dialekts einräumen. Doch haben sie, ihrem Handwerke nach, hiebei mehr die zerbröckelte Form, als den versiegten Gedanken im Auge. Zum Sprachforscher muß der Dichter, zum Dichter der Mensch mit seinen hohen Forderungen hinzutreten. Der Dichter wacht über die heilige Flamme des Gedankens, der Forscher über das Brandmaterial; jenem ist der wortprägende Geist, diesem das ausgeprägte Wort, die fertige Hülle näher. Der Dichter weiß, daß man das spröbeste Material — und die hochdeutsche Sprache ist ein solches — überwältigen und verklären kann. Aber vor dem abgestorbenen und verwitternden fühlt er ein Grauen, und er würde sich schwerlich überwinden, die versteinerte Pinie der römischen Sprache, oder den veruralten Eichenstamm der nieder=

sächsischen als Brandopfer auf den Altar der Begeistrung zu legen. Als Johann Heinrich Voß seine plattdeutschen Gedichte zimmerte, war er mehr Philolog als Dichter. Die süddeutschen Dialekte kenne ich nicht zur Genüge, um mir ein entscheidendes Urtheil über dieselben zu gestatten. Doch glaube ich, daß noch immer eine reiche und lebendige Welt des deutschen Volkslebens in ihnen sich abspiegelt. Der Süddeutsche erfreut sich einer bunteren, mit geistigen Elementen mehr geschwängerten Vergangenheit als der Norddeutsche; er kann länger von seinem Schatze zehren, als dieser, den ein böses Geschick seit Jahrhunderten in lauter armseligen herabdrückenden Zuständen veröden ließ. Wenn ich bedenke, daß die in allen Gebieten schaffend strebsame Kraft des Südens die Lebensäußerungen des Nordens so weit übertraf, so muß ich in der That aus diesem uns beschämenden Phänomen den Schluß ziehen, daß der süddeutsche Volksdialekt, welcher alle jene Genien von der Geburt an umsäuselte, eine frischere Quelle für die Belebung des Geistes geblieben, als dies von der Muttersprache des Norddeutschen zu rühmen steht. Auch weiß ich aus meinem nur zu kurzen Aufenthalte im Süden, daß der Bewohner jener glücklichen Gegenden die bedeutsamsten Conflicte der Zeit und die Richtungen, welchen sich Deutschland und die große europäische Völkerfamilie hingibt, leichter und glücklicher in seiner Sprache darstellen kann, als dem Norddeutschen mit der seinigen, selbst bei wissenschaftlicher Nachhülfe, nur irgend möglich wäre.

Um auf einen wichtigen Gegenstand zurückzukommen. Der Sprachforscher hegt überall hinsichtlich des Verhältnisses, worin Geist und Sprache zu einander stehen, gewisse, aus früheren Jahrhunderten hergeleitete Begriffe, die in unserem Zeitalter außerordentlich viel von ihrer Wahrheit eingebüßt haben. Früher nämlich war die Sprache, oder der Dialekt, alles in allem, odes alles für alle. Geist, Seele, Bildung des Stammes fanden sich darin durch Symbole, Bilder, Sprüche, Gleichnisse niedergelegt, und diese waren, so lange die Sprache lebendig blieb, jeder Zunge, der weisesten und thörichtsten geläufig, so daß es im Leben nur auf die richtige Anwendung derselben, auf das mehr und weniger von Urtheil, Combination, Gedächtniß, Lebhaftigkeit ankam. Wer am sprichwörtlichsten reden konnte, redete am deutschesten; die Sprache war die fertige Philosophie und Poesie des Volkes, das unzerreißliche, unabtrennbare, mit dem Herzblute des deutschen Stammes getränkte Gewand des deutschen Geistes. Daß dieses besondere innige Verhältniß in unsern Tagen nicht mehr existire, wenigstens nicht in Niedersachsen, daß das poetisch-philosophische Gewebe der Dialekte sich gewaltig aufgelockert und ein sehr verwittertes Ansehen habe,

das wollen freilich unsere poetischen Sprachfor=
scher nicht gerne wahr haben, stellt sich aber dem
Unbefangenen als unwiderlegliche Erfahrung her=
aus. Ich will nicht gedenken der alten Lieder,
die man nicht mehr singt, denn die niedersächsi=
sche Liederpoesie ist schon seit Jahrhunderten bis
auf schwache Spuren von den Lippen des Vol=
kes verweht. Nicht der alten Rechtsformeln und
Gesetze, denn nur an wenigen Orten hat sich ein
kümmerlicher Rest davon in dörflichen Spruch=
gerichten einbalsamirt. Nicht der alten Sagen
und Mährchen, die nur hin und wieder ein
graues Mütterchen ihren Enkeln zuwispert, wäh=
rend die hochdeutsche Christo jetzt das großmüt=
terliche Amt bei den armen Kleinen übernehmen
muß. Ich will nur auf den Mangel an alten
Sprich= und Schlagwörtern aufmerksam ma=
chen, welche in Niedersachsen einst gäng und
gebe waren, und dem Verstande, dem Rechts=
sinn, der Gemüthlichkeit, der Laune des Volkes

einen so bequemen Durchbruch gestatteten. Dieser, so zu sagen, fertige Gedankenbau der Sprache ist gegenwärtig so sehr zertrümmert, daß man nur einzelne verlorene Bruchstücke davon in den Gesprächen der Landleute und des freistädter Nordbeutschlands auftauchen sieht; jeder Einzelne greift übrigens nach dem ersten besten Worte, das ihm logisch entsprechend scheint, und muß sich im Plattdeutschen eben so gut aus einzelnen Elementen der Sprache seinen Gedankenausdruck zurecht zimmern, wie man dessen im Hochdeutschen benöthigt ist. Es zeigt sich also in jenem dasselbe Verhältniß des Geistes zur Sprache wie in diesem, nämlich das freiere, abgelöstere, mehr persönliche und willkürlichere, so weit sich dieses innerhalb der unverwüstlichen Grenzen unserer Nationalität und unseres besondern Stammcharakters (von dem ich nicht glaube, daß er mit der Sprache schwinden wird) rechtfertigen läßt. Der Unterschied ist also nur, daß man im Hochdeutschen mehr geistige Hülfsmittel besitzt, daß Verstand und Wissenschaft, aber auch scherzende Laune, die Färbungen des Gemüths, die feineren Schattirungen der Seele, in diesem, uns zur veredelten Muttersprache gewordenen Idiom, ein mit allen Stoffen versehenes Magazin finden, daß dieses Idiom uns mit Millionen unserer Brüder verknüpft, uns mit der Ausbeute einer herrlichen Literatur bereichert, und mit den Fortschritten und Interessen des Tages in Verbindung setzt. Ihr sollt sehen, wenn es einmal herrschend geworden im Volke Norddeutschlands, was unsere intellektuellen, moralischen und politischen Kräfte, von dem jetzigen wüsten Zwiespalte befreit, zu leisten vermögen. Was verlange ich denn? Ausrottung der plattdeutschen Sprache? In der That, ich habe mich so ausgedrückt. Die guten Leute haben nicht bemerkt, daß ich von Ausrottung der plattdeutschen Sprache in keinem andern Sinne sprechen konnte, als worin ich wünsche, daß die hochdeutsche zum Leben erwachen soll. Eine ist der anderen Tod.

Aber es gibt Leute, die nicht wollen, daß der deutsche Bauer aus dem Miste hervorkriechen und, seinem Bruder in Nordamerika ähnlich, freier gebildeter Landmann, deutscher Staatsbürger werden soll. Aus der Leibeigenschaft seiner Dynasten leiblich erlöset, soll er, nach ihrem Wunsche, ewig in der geistigen Leibeigenschaft seiner, der Geschichte verfallenen, Sprache verharren. O! ich kenne euch durch und durch.

Ich habe bemerkt, daß die Helgolander eine tragische Sympathie mit ihrem, dem Untergange geweiheten Felsen nicht verleugnen können. Auch Franziskus, der von dieser Insel gebürtig, ist ewig von den Bildern der Vergänglichkeit umringt. Sein theologisches System, wenn man seinen halb orthodoxen, halb mystischen, halb abergläubigen Ansichten diesen Namen beilegen darf, hat auf diesem düsteren Grunde weiter gebaut. Er schwebt wachend und träumend auf der luftigen Brücke, die zwischen den diesseitigen und jenseitigen Ufern, über den Abgründen des Denkens hinschwindelt.

Am fernen Himmel breiteten sich die weißen

Segel eines Schiffes aus, es war Sonnenuntergang, wir saßen auf der Bank von Hamiltons Point und schauten in das endlose Fluthengewoge hinaus.

Nicht wahr, sagte er, du hast schon weitere Seereisen als die nach Helgoland gemacht?

Die weitesten nach Amsterdam.

Nächtlich, wenn man in der Kaje liegt und alles still ist, wie vertraulich flüstern die Wellen durch die Wand des Schiffes mit dem Einsamen, Hilflosen, der sich ihrer Macht überlassen hat.

Ich traue ihnen nicht. Es ist mir eine schaurige Musik. Ich dachte immer bei diesen hohlen Schlägen, die an die Schiffsplanken hämmerten, an den Wolf, der beutegierig vor der bretternen Schaafhürde heult.

Das Leben, sagte er mit hohler Stimme, ist das Schiff, das Meer ist das Geisterreich, von dem unsere Sterblichkeit umflossen ist. Wenn

alles still ist oder nur ein einsamer Gedanke über mir die Wache hält, dann höre ich es rauschen und klopfen. Es mahnt und klopft so lange, bis mein mürber Leib zerbröckelt. Dann werde ich hinausfließen, Tropfen des großen Geister=
oceanes sein. Ich bitte Gott, daß dieser Augen=
blick nicht allzulange auf sich warten läßt.

Ich schwieg. Dann sagte ich: mir ist es ge=
heurer, im wohlgezimmerten Schiffe zu sitzen, ein paar Freunde an Bord, Musik, die fröh=
lich über die Wellen streicht, frischer Wind, rich=
tiger Kurs, eine andere Schiffsmannschaft, die im Sturme nicht verzagt, und für den Nothfall etliche Kanonen, Flinten und Säbel in Bereit=
schaft, das ist alles, was ich für meine Lebens=
seereise wünsche. Halt, ein paar liebende Arme, die mich am Ufer empfangen, eine kleine Schiffs=
kapitänin, die wünsche ich mir auch.

Denkst du noch an Julie?

Schweig.

Es würde mir leid thun, wenn du sie vergessen kannst.

Lieber Franziskus:

Ich lief am Ufer des Meeres
Voll Wuth,
Da kühlte des Meeres Athem
Mein Blut.

Es trugen die siegenden Winde
Weit, weit,
Unter ihrem fliegenden Mantel
Mein Leid.

Dahinter, als Trauergeleite
Hoch, hoch,
Eine Schaar von krächzenden Raben
Herflog.

Eine Welle mit grauer Kapuze
Und Bart,
Hat's in die Tiefe des Meeres
Verscharrt.

Da kamen drei muntre Delfine
Heran,
Und sahen mit freundlichen Augen
Mich an.

Die Eine bot mir den Rücken
Nur gleich,
Wie einer Königin Sattel
So weich.

Da ritt ich nach Magellonien
Im Meer,
Und liebte dort eine Prinzessin
Gar sehr.

Und lebte wohl anderthalb Jahre
Und so,
An ihrem schneeweißen Busen
Gar froh.

Und endlich bin ich gestorben
Vor Lust,
Meiner allzuschönen Prinzessin
An der Brust.

Das ist meine Geschichte. Uebrigens erinnere mich nicht ewig an Schatten und Todte.

Pulvis et umbra sumus, seufzte er. Du bist eine Eule.

Franziskus deutete nach der untergehenden Sonne; ein weißes Segel zog in diesem Augen=

blick langsam vor ihr vorüber. Er umschlang mich und sagte: schaue mit mir das ewige Roth, das durch den Leichenschleier der Sterblichkeit schimmert, wie wir die Sonne schauen durch die gerötheten Segel. Aber du glaubst nicht an die Geistersonne des ewigen Lebens, du glaubst nicht an die unsichtbare Welt, die hinter der sichtbaren verborgem ruht.

Was sprichst du. Ich leugne nichts Ideelles. Aber ich habe mir für den Himmel und die abstrakte Geisterwelt kein Dogma gebildet. Es gab eine Zeit, wo ich den Aether der platonischen Ideen bewohnte, eine andere, wo ich mit Jakob Böhme vom astralischen Lichte schwärmte, eine andere, wo ich mit Swedenborg auf die Offenbarungen entfesselter Geister horchte. Aber so oft ich spürte, daß mir mein Auge für die wirkliche Welt zu schwirren anfing, ging ich in den Thau des jungen Morgens hinaus, schüttelte die Mähnen und erfrischte mich in den Lie-

besstrahlen der leibgeistigen wahrhaften Schö=
pfung.

Und doch ist der Glaube an die Geisterwelt
unzertrennlich vom Glauben an Gott, an die
Unsterblichkeit.

Gewiß, insofern die positiven geschichtlichen
Religionen ihn voraussetzen. Der Gott des al=
ten Bundes offenbart sich durch Träume, Ge=
sichte, der Gott des neuen Bundes wandelt so=
gar im Fleische. Wer an diese wunderbaren,
geisterhaften, ja gespenstischen Arten der Offen=
barung glaubt, muß auch Visionen, Geisterer=
scheinungen u. s. w. mit seinen Vorstellungen
von der Natur der Dinge reimen können. Der
Offenbarungsglaube ist gerade so alt, wie der
Glaube an gute und böse Geister, Bezauberung,
Wunder. Hätten die Juden nicht an die Zau=
berkünste ihres Moses in Aegypten geglaubt, sie
hätten auch dem beredsamen Donner Jehovas
auf dem Sinai keinen Glauben geschenkt. Wäre

der tapfere König Saul nicht erblaßt vor Samuels Schatten, hätte ihm ein Priester weißmachen können, daß Gott mit ihm zürne, weil er eine That der Menschlichkeit beging? Denselben Zusammenhang zwischen dem allgemeinen Glauben an Wunder und Dämonen und dem besonderen Glauben an die übernatürliche Offenbarungsweise göttlicher Wahrheiten findest du in den Tagen der Apostel. Jesus hätte keinen Teufel ausgetrieben, wenn die Juden nicht an Teufel geglaubt. Ueberhaupt kann man sagen, daß alles, was der Glaube in Jesus zusammenfaßte, seiner Erscheinung, seinem Leben und Sterben lieh, im Einzelnen und ohne diese Beziehung auf eine einzige Person, lange vor ihm Realität im Glauben des Volkes hatte. Die erhabenen Bilder der Propheten legte man sehr wörtlich aus. Eine Jungfrau wird gebären — eine Jungfrau gebar. Der Anwuchs der orientalischen Philosopheme und des orientalischen Aberglaubens bog alle seine Zweige wie jubelndbegrüßende Palmzweige über des großen Rabbi's Haupt zusammen. Die erhabenste Idee von der Fleischwerdung Gottes mischte sich mit dem gemeinsten Wunder, das von hundert Betrogenen und Betrügern jene Zeit verrichtet wurde, ja mit den unwürdigsten Taschenspielerkunststückchen, womit nur die Magier ihre babylonischen Majestät unterhielten. Auch lag in den wirklichen Ereignissen der israelitischen Geschichte, das heißt, in allen jenen wunderbaren Abenteuern, welche in den heiligen Büchern der Juden so naiv erzählt und von allen Juden eben so naiv geglaubt wurden, eine heilig sichere Bürgschaft für die Möglichkeit und Glaubwürdigkeit ähnlicher Ereignisse. Gewiß wurde es unter den Zeitgenossen Christi nicht für das größte Wunder gehalten, daß er zum Himmel fuhr, denn Elias, geringer als er, war zum Himmel gefahren. Und der vorangehende mythische Act, die Auferstehung von den Todten, war er wunderbarer als die Erweckung von den Todten, welche durch die heiligen Männer des alten Testaments, so wie durch Jesus selbst an verschiedenen Personen vorgenommen wurde? Wer an Heilige glaubt, welchen die Kraft innewohnt Todte zu wecken, wird auch an Heilige glauben, die von den Todten auferstehen, und in leiblicher Gestalt auf Erden wandeln. Daran schließt sich auch die Lehre von der Auferstehung der Todten, vom Tage des Gerichts, wo die Posaune geblasen wird und die Leichenfelder wimmelnd lebendig werden. Unter dieser Hülle erschien damals die Unsterblichkeitslehre; es war eine groteske Phantasie, geeignet für den Pinsel des Höllen-Breughel. Unsere neuere philanthropische Unsterblichkeitslehre hat das Grobsinnliche und widersprechend Phantastische dieser Ansicht aufgegeben. Von einem gemeinschaftlichen Tage der Auferstehung ist so wenig mehr die Rede, als von der

Wiederbelebung der zerstreuten Asche. Dennoch ist dieser Glaube in seiner sublimirten jetzigen Form vom Gespensterglauben nicht sehr verschieden. Um einen der Unsterblichkeit zueilenden Geist nicht zu verwechseln mit dem unheimlichen Schatten eines Abgeschiedenen, der in der Sprache des Volks ausdrücklich mit dem Namen Geist belegt wird, bedarf es einer moralischen Theorie, durch welche die Unanständigkeit und Zwecklosigkeit solches um das gemeine Erdenrund und die ordinären menschlichen Verhältnisse webenden Geisterreigens dargethan werden soll. Aber diese Bewohner des Himmels, diese Bürger der anderen Welt, diese Verklärten, die weder nach altheidnischer und altjüdischer Ansicht in einem Schattenreiche innerhalb der Erde schweben, noch gemäß der ersten christlichen Mythe im Himmel, nämlich über den Wolken, in der idealen Luftspiegelung einer orientalischen Monarchie ihr Unterkommen finden, es sind Abstraktionen, die ihren Ursprung nicht verläugnen. Immerhin, wenn ihr das Unsterbliche, Gott und den Himmel auch auf Erden anerkennt.

Franziskus erwiderte nichts. Er nimmt bei allen Einwürfen, welche ihm in das System dringen, eine nachdenkende überhörende Miene an. Ich fuhr fort, weil ich einmal im Zuge war. Die Zeiten, sagte ich, sind gekommen, wo diese grundverwandtschaftliche Verbindung des Aberglaubens mit dem Glauben an religiöse Mysterien deutlicher als je in's Auge fällt. Mit dem abnehmenden Glauben an das unheimliche Hereinragen einer Geisterwelt in die geistig sinnlichen Kreise der Menschheit nimmt der orthodoxe Glaube allmählig ab. Ich kenne Leute, die an Christus — im kirchlich mystischen Sinn — glauben würden, wenn sie die Glaubenskraft für Gespenster hätten. Auch sind die eifrigsten Mystiker unsrer Zeit Gespenstergläubige; und, in der That, vermöchten sie diesen Glauben, diese uralte dunkle Partie in der Seele der Menschheit wieder lebendig zu machen, so hätten sie gewonnenes Spiel. Womit es denn gute Wege hat.

———

Vom Anblick des Meeres zurückkehrend male ich fast unwillkührlich groteske riesige Bilder auf das Papier. Dann mag ich meine Schreiberei nicht fortsetzen, die gefallene Masche nicht auf= nehmen, das Romanschreiben kommt mir vor wie weibliche Arbeit, ich glaube zu erröthen.

Ich habe hier meine besonderen Gedanken über die Zukunft der Literatur, mit Rücksicht auf den Geschlechtsunterschied. Im Geistigen tritt der Geschlechtscharakter nicht auf die Weise her= vor, daß den Männern irgend ein weibliches, den Frauen ein männliches Geistesvermögen gänzlich fehlte, sondern durch Vorwalten des einen über das andere. Die männlichen und weiblichen

Vermögen führen eine geistige Ehe mit einander, und nicht immer ist das Verhältniß ein naturentsprechendes, harmonisches. Oft ist das Männliche im Mann zu schroff, oft und vielleicht öfter das Weibliche unnatürlich vorwaltend. Gleicherweise bei den Frauen. Am sichtbarsten wird dies auf dem Felde der Literatur. An der alten Literatur ist die männliche Fassung nicht genug zu bewundern. Die neuere Literatur mischte die Vermögen und die, derselben entsprechenden Darstellungsweisen mehr durcheinander.

Ich glaube ein großer Theil der Literatur wird künftig in die Hände der Frauen gerathen, die bramatische und epigrammatische ausgenommen, auch die politische werden sich die Männer nicht nehmen lassen. Nach einigen und fünfzig Jahren werden nur Frauen, die ehrgeizig sind oder unglücklich, Romane schreiben. Alle Männer, die bisher solche und die besten lieferten, waren verkappte Frauen oder vielmehr Zwitter, in welchen das Männliche mit dem Weiblichen im Kampfe lag, ohne daß Ersteres oder Letztres mehr als augenblicklich überwog. Von Goethe's Natur brauche ich nicht zu sprechen. Götz der Degen und Werther die Kunkel waren eine Person. In seinem hohen Alter streifte er alles Geschlechtliche ab und da gefiel er weder den Männern noch den Frauen. Von Cervantes vermuthe ich daß er so geschwätzig war wie ein spanischer Maulthiertreiber. — Petrarka war ein Weib, Tasso war ein Weib, nur Dante war ein Mann und schrieb daher im großartigsten dramatischen Stil, obgleich seine göttliche Komödie die epische Form hatte und er genöthigt war, die Coulissen, nämlich die Beschreibungen selbst hinzuzumalen. Einige erhabene Geister, wie Dante, Milton, Klopstock rannten mit drei Schritten über die irdische Bühne hin und standen dann gleich hinter den Coulissen der Welt. Menschen waren ihnen nicht genug, sie mußten Geister schaffen, welche dem Himmel oder der Hölle angehörten. Schönheit ward ihnen nicht zu Theil, ihre Muskeln waren zu entblößt, ihre Adern zu geschwollen, ihre Blicke zu geisterhaft. Das Männliche, das im Dichter nur vorherrschen, nicht allein herrschen soll, führte in ihrer Hand ein zu schweres Scepter über das Weibliche. — Byron war ein Mann, das zeigen seine Tragödien, aber er war verzogen und liederlich und gefiel sich oft in der Rolle des Herkules am Spinnrocken. Schiller war ein Mann, aber ein kränklicher. Jean Paul war ein Mann, ein Weib und ein Kind zu gleichen Theilen. Eben so Yorik. Doch in diesem war das Kind mehr ein Schauspieler. Shakespeare war vielleicht nicht der größte Mann unter den Dichtern, aber gewiß der größte Dichter unter den Männern. Sein Männliches war blitzend, groß und erschütternd, sein Weibliches fein, zart, sinnlich, phantastisch, ungeheuer fruchtbar. Die Ehe zwischen beiden die glück=

lichſte ſeit Sophokles. Nur führte der Grieche ein griechiſches, der Engländer ein engliſches Hausregiment.

Im Alterthum war der Roman nicht bekannt. Nur in ſpäterer, verweichlichter Zeit baute er ſich ein Paar kleine Zellen. Aspaſia hätte einen Roman ſchreiben ſollen; ich würde alle Trauerſpiele des Euripides dafür hingeben. Der griechiſche Roman ſteckte in der Philoſophie, er war die männliche Liebe zu den Ideen, welche die Welt und das Leben beherrſchen. In dieſem Sinn wird auch die deutſche Philoſophie ſich unter Männern behaupten, da die Abſtraktion, das Prinzip der Philoſophie, ein männliches Vermögen iſt. Sehr richtig bezeichneten die Griechen jenen ihren männlichen Roman als die Liebe zur Weisheit. Außer dieſer Liebe iſt die Philoſophie nichts. Man kann auch ſagen: die Philoſophie iſt der Wille, die Ideen zu ſchauen und zu verwirklichen. Das iſt daſſelbe,

drückt aber noch deutlicher aus, daß die Philo=
sophie Sache der Männer ist. Wille nämlich
und Abstraktion sind identisch. Beide durch=
brechen die Erscheinung und werfen alles was
sie auf ihrem geraden Gange nach dem Ziele stö=
ren mag, rechts und links zur Seite. Die Hegel=
sche Philosophie ist sehr männlich. Hegel ver=
kündigte das Bestehende als Produkt des ge=
meinsamen philosophischen Willens, der es noch
immer will, also als das Beste. So sollte es
sein. Er schrieb sehr revolutionäre Ideen auf
das Kalbfell einer preußischen Trommel. In der
Volkspoesie ist das Männliche so überherrschend,
wie im Leben des Geschlechts. Die Volkspoesie
ist eine unerklärliche Geburt aus dem mystischen
Zusammenleben aller Männer mit allen Frauen,
die Blume des Geschlechts auf einem Stengel
mit eben so viel männlichen als weiblichen Staub=
fäden, ein zweites aus Adams Rippe geschnitte=
nes Weib, mit welchem er sich vermählt und sich

fortzeugende Kinder zeugt. Homer ist das ganze alte Griechenland, die Nibelungensage das ganze alte Deutschland mit allen Männern und Frauen. — Die lyrische Poesie, wenn sie nicht philosophirt als Pindar, oder die Tuba bläst wie Tyrtäus gehört den Frauen an. Ein Jüngling, der Liebeslieder dichtet, ist ein Narr; ich nehme den Fall aus, daß er sich dadurch bei seiner Geliebten einschmeichelt, gleich dem singenden Troubadour. Sappho und Korinna überstrahlten in ihren Liebesliedern das ganze Alterthum. Ihre Empfindungen nahmen den Schwung der Poesie, dagegen die männlichen Liebesdichter, Griechen wie Römer, die faunische Natur besangen, oder gleich den späteren, morgenländischen Dichtern päderastische Saiten aufspannten. Dahin versank die platonische Idee, als sie ihren philosophischen Ernst einbüßte und ein Spiel der Poeten wurde. — Die Liebesgedichte des Mittelalters sogen die religiöse Mystik in sich ein, eine mönchische Essenz, die freilich den Bocksgeruch des sinnlichen Alterthums vertrieb, aber die Liebe mit einer fremden Schwärmerei ansteckte, die mit ihrem ewigen Wesen nichts gemein hatte. Das konnten nur Männer. Frauen hätten die Liebesrose an ihrem Busen erblühen lassen und mit keinem anderen Weihwasser sie benetzt als mit dem Thau ihrer Thränen. Die profane Minnesingerei war ganz unausstehlich. Mit solch allgemeinem Singsang von der Liebe und ihrer Süßigkeit konnten nur Männer die Poesie und sich selbst entwürdigen; Frauen nicht. Bei unseren neueren großen Dichtern verhallte das Liebeslied mit der Nachtigallenzeit. Die Schillersche, an Laura gerichtete Begeisterung ist zwar männlich oder vielmehr heftig aber nicht dichterisch. Der Katarakt der Leidenschaft hat sich vielleicht niemals so wilddonnernd über die Felsblöcke der deutschen Sprache ergossen, als in diesen rauschenden Gedichten. Goethe's Lieder aus der Jugendzeit reflektiren das sanfte Bild eines unter dunkeln Zweigen dahin wandernden tiefstillen Baches, in welchem ein geliebtes Antlitz sich traumhaft abspiegelt. Es ist das schöne naive Frankfurter Gretchen, seine erste, reichsstädtische, altfränkische innigliche Liebe, der Veilchenduft seiner Seele, das Symbol seiner deutschhäuslichen Gemüthsart, die Elfe seiner liebevollen Naturstudien, die ihn in Wald und Feld hinauslockte, das weiblich Treue und Sehnsüchtige seines Busens, das noch im Werther zwischen Lotte und den Blumen und Gräsern sich theilte, noch im Faust zwischen Gretchen und der Bergeshöhle kämpfte, und sich später nach der Naturseite ganz verlor, so daß dem Weibe nur der gewöhnliche Antheil durch Schönheit bewegter, genußbefriedigter Männlichkeit übrig blieb, eine Stimmung, die in seinen späteren italienischen Liebesgedichten sattsam unpoetisch in fröstelnder Kunsthülle zum Vorschein kam —

Resultat, ich meine nicht, daß die Männer unfähig sind, Poeten der Liebe zu sein, aber ich glaube, daß sie die Metaphysik der Liebe erst von den Frauen lernen müssen, oder vielmehr von ihrer frauenhaften Natur borgen müssen. Ich schließe daraus, daß die Frauen die nächsten Anrechte auf die Poesie der Liebe haben.

Man pflegt zu sagen, daß der moderne Roman die Stelle des alten Epos vertritt. Ich glaube es nicht. Der Roman ist ursprünglich nur eine zufällige Form, eine zur Unterhaltung ausgesponnene Anekdote, kurz, ein Zeitvertreib, welchen im Alterthum die Barbiere und die Solarien in den Badstuben zu besorgen hatten. Unser Leihbibliothekenroman ist noch immer in solchen Händen. — Einige große Dichter der neueren Zeit gaben sich indeß Mühe, eine eigene künstliche Romanform zu schaffen und in solcher Hülle ihre Lebensanschauungen darzustellen. Sie vergeudeten auf diesem Felde eine Kraft, die entweder der Philosophie oder dem Drama angehörte; denn was im Roman unter ihrer Pflege dichterisch aufblühte, hätte die zarte Hand einer Frau noch liebevoller und glücklicher gepflegt. Will man ein Beispiel, so schaue man auf Goethe's Wilhelm Meister. Die Lehrjahre verweisen geheimnißvoll auf die Wanderjahre, und in den Wanderjahren entfaltet sich eine Philosophie über Staat, Kirche, Leben, Erziehung, welche des wesentlichen Kennzeichens der Philosophie, der energischen Abstrakzionen der Idealität, gänzlich ermangelt. Jene lassen eine Lücke, welche diese nicht ausfüllen. Die Idee der Wahlverwandschaften hingegen als ein großes natürliches Gesetz, an großen Verhältnissen und im großen Styl dramatisch entwickelt, hätte die erschütterndsten Wirkungen hervorgebracht und den Druck einer unnatürlichen tyrannischen Konvenzion in unseren socialen Verhältnissen auf wahrhaft tragisch poetische Weise vor Augen geführt.

Es ist freilich noch die Frage, ob die dramatische Gestaltung eben Goethe geglückt wäre, da eine andere verfehlte und schwache Arbeit dieser Art Mißtrauen einflößen kann. Gewiß ist es aber, daß die Wahlverwandschaften als Roman unter ihrer Idee blieben; ängstlich lüsterne Situazionen forderten nur die Sittenpolizei heraus, vor deren Strenge selbst der unglückliche Ausgang nicht schützen konnte. An ein ernstes Beispiel brauche ich nicht zu erinnern.

Dennoch glaube ich, daß die Muse dem weiblichen Geschlecht eine poetische Romangestaltung aufbewahrte, die aus ihrem allgemeinen Entwicklungsprozesse hervorgehen und an diesem den entschiedensten Antheil nehmen wird. Darf das Weib vor Gericht sich nicht vertheidigen, oder mit Degen und Pistole vor der Rohheit der Männer sich schützen, so bleibt ihm noch etwas mehr übrig, als die Thräne, der stille Kummer, die Resignazion der Verzweiflung. Das

Weib hat den Roman zur Vertheidigung ihrer Rechte, zum Schutz ihrer Gefühle, zum Organ ihrer Ansichten über das Schöne und Unschöne im geselligen Leben und namentlich in Betreff ihres Verhältnisses zu Liebe und Ehe. Der Roman also wäre die Lebensphilosophie der Weiber, wie die Philosophie der Lebensroman der Männer; so daß jedes Geschlecht auf seinem Gebiete verharrt, und sich nur wechselseitige Unterstützung und Achtung zuerkennt. In der That liegt alles, was den Roman interessant machen kann, auf Seiten der Frauen, wenn sie sich, wie George Sand, zur männlichen Rücksichtslosigkeit entschließen: feine haarscharfe Beobachtung, Zartheit der Empfindungen, Intrigue, Schwärmerei, Naivität, Situazionsfülle, lyrisch-epische Stimmung, ein neuer unbekannter Reichthum an Wendungen und Bildern, ein unerschöpflicher, anmuthig strömender Wortfluß — alle diese Eigenschaften, welche den guten Romandichter, das Weib im Mann, verrathen, und welche die unglückliche Bettina in Briefen an ihr kaltes Idol verschwendete.

Nur das Drama überlaßt den Männern, sowol das aristophanische Lustspiel, als das Spiel der Götter, Helden und Menschen im Conflikt mit sich und dem allwaltenden Schicksale. Euer zarter kleiner Fuß schleift mit dem Kothurn, wie ein Kind mit dem Pantoffel eines Riesen. Euer anmuthig trotziges Köpfchen vergräbt sich in die kolossale Höhlung einer tragischen Maske. Entweder ihr sehet mit den Augen durch den Mund, oder ihr redet mit dem Munde durch die Augen.

Aber man darf ihnen nicht abrathen, Tragödien zu schreiben, sonst überschwemmen sie uns trotzig mit Gegenbeweisen ihrer Fähigkeit.

Nächtliche Meerschau, das Dampfboot kam im schwarzen Sturm, der sein Geklapper überrauschte, es verrieth sich nur durch die auf= und niedertanzende Schiffsleuchte. Jubelnde Phantasien bei der Ankunft der Passagierbarke. Als der Mond mit flüchtigem Schimmer über die verhüllten Fremdlinge hinzuckte, die nun der Gefahr entronnen waren, da dachte ich an die Todtenköpfe des Herzog Oels, die glücklich, geborgen vor Napoleons Schaaren, auf der Flucht nach England hier ans Land stiegen. Dachte auch, daß alle frische deutsche Bursche sich hier ein jährliches Stelldichein geben müßten.

Und wäre Helgoland nicht der schönste Ver=

sammlungsort für deutsche Jünglinge. Könnte die ehemals heilige Insel nicht aufs neue der Mittelpunkt eines frommen Dienstes werden. Welch ein Altar, um der ewigen Jugend ewige Treue zu schwören — und gelegentlich die Bundbrüchigen vom Fels des Kapitols herabzustürzen.

Ueber die deutsche See, nach Helgoland, weiter nach Norwegens wunderbaren felsigen Küsten, dahin fliege die junge deutsche Adlerbrut.

In früherer Zeit war die Schweizerreise ein romantisches Bedürfniß. Die Jugend begegnete sich in Tells Bergen, lange Alpenstäbe in der Hand. Die Schweiz hat viel von diesem Magnetismus eingebüßt. Die Poesie und die Freiheit suchen die Inseln und Küsten der Meere. Byron schon fand nirgends Ruh, als wo er die See athmete. Ach und die arme beklommene und verkommene deutsche Literatur, wie ihr zuträglich wäre die See. Von dort kam das Heldenkind, die deutsche Sage, und ihr Flügelschlag peitschte die leuchtenden Wogen. Am Stern der geschnäbelten Schiffe, hoch über den gewappneten Ruderern, stand der Sänger und sang kühne Lieder den Kühnen, die nach Kampf und Abenteuern zogen. Die deutsche Poesie ist auf der See geboren, im Binnenlande vergreiset und kindisch geworden.

In der englischen Literatur ist der frische freie Seehauch niemals ausgestorben. Shakespeare verräth nicht allein in seinem Sturm, sondern in allen seinen Dramen den Insulaner, den Vertrauten des Meeres, den Umschauer an weitestem Horizonte, zu dessen Füßen sich die ferner vom Nordlande, von Italien, von Griechenland, von Indien anrauschende Fluthung des Weltlebens und der Weltgeschichte bricht. Die englische Literatur ist ein Segelschiff, die deutsche ein Frachtkarren.

Zu frühe hat die deutsche Literatur ihre Mutter, die See, verlassen und verloren. Die

mittelaltrige schwäbische Poesie ist schon ganz
Landratte; alle späteren Dichterschulen stammen
aus dem Innern Deutschlands.

Grausames Geschick, das den nordischen
Geist, die norddeutschen Stämme verfolgte. Hin=
gelagert an Küsten und mächtigen Strömen,
derb und freiheitsinnig, unternehmenden Geistes,
in dem Augenblick als sie einem starken großen
Verbande entgegen reiften, getroffen durch cäsa=
rischen Blitzstrahl, politischer Ohnmacht, jeder
Art Erniedrigung zugeschleudert. Und nicht bloß
für den Norden, für das ganze übrige Deutsch=
land war der Sturz Heinrichs des Löwen ein un=
heilvoller Schlag. Des Löwen Fall war Deutsch=
lands Fall. Die Ursitze der Deutschen, Franken=
land, Schwabenland, Sachsenland, alle diese
großen Herzogthümer, welche Heinrich mit star=
ker Hand verwaltete, wurden durch seine Nieder=
lage schändlich zerstückt, das alte Deutschland
verlor seine Kraft und Herrlichkeit, es verlor

seinen nationalen Schwerpunkt. Das politische Uebergewicht neigte sich gegen den slavischen Osten, gegen Oesterreich und Brandenburg. Wäre Norddeutschland durch Heinrich den Löwen zur Obermacht gediehen, es hätte sich nicht in Italien verblutet, deutsches Recht und Gesetz nicht dem römischen geschlachtet, wäre nicht später die Beute der Habsburger geworden, dieser Stolzen, Engherzigen und Unwürdigen, die ohne große kaiserliche Blicke, nur auf Vergrößerung ihrer Stammlande sannen. Volk, du mächtigstes unter allen, warum mußtest du zum Spott deiner Nachbarn werden! Heinrich der Löwe! Friedrich Barbarossa! Warum mußte Deutschland zu gleicher Zeit zwei Männer zeugen, die im Zusammentreffen sich zermalmten!

Norddeutschland Siegerin und Sängerin — und die Jahrhunderte rauschten von einer anderen Poesie, als jene französisch chevareleske des Mittelalters, jene schusterhafte Meistersängerei, und jene freilich sehr geistreichen schlesischen Ausgeburten des Ungeschmacks im siebenzehnten und achtzehnten Jahrhunderte. Daß man in der Mitte des letzteren anfing, die Engländer zum Muster zu nehmen, dies war der erste Schritt zur Besserung, die Rückkehr an das herzerweiternde Meer, an die Wiege des germanischen Volkes und der germanischen Poesie. Seltsam! Die großen Dichter, die aus diesem Drange hervorgingen, schauten nicht das Seegestade. Goethe und Schiller, in ihrer Jugend vom durchstreichenden Nordseewinde kräftig berührt, wandten ihm später den Rücken zu und ließen sich nach des Südens helleren, behaglicheren Kunstregionen verwehen.

Die jetzige schwäbische Dichterschule bleibt sogar hinter ihren Bergen sitzen. Die windstillsten Thäler sind ihr die liebsten. Diese Schwabenpoesie gewährt ein anmuthiges Genrebild in ihrem gemüthlichen Hinstarren, ihrem blumigen

Grase, ihrer sanft wiederkäuenden Art. Einst weidete auch ein Roß unter den Kühen, ein Roß mit starken Schenkeln und feurigem Blick, horchend nach dem Klange der Trompete, kriegerisch und doch fromm, beladen mit der heiligen Hostie von der Tafelrunde der romantischen Poesie. Jetzt irrt es alt und einsam in stummer Trauer einher, unglücklicher als das Roß Grane, als ihm sein Held Siegfried erschlagen. Es hat seinen Helden, den es suchte, nie gefunden. Unsere Wolsungensöhne erringen den Schatz nicht mit dem Schwerdte, sondern mit der Elle; Musterreitergäule sind die Grane's, die ihnen zukommen. Aber Uhland hat wenigstens bewiesen, daß dem Süden der männliche Nerv der Poesie nicht gebricht.

Was sage ich von dem armen verschollenen Fouqué? Er wollte zugleich ein Dichter sein und ein Held. Er schnallte seinem Pegasus einen hohlen Eisenharnisch auf den Rücken und jagte mit ihm durch die deutschen Gaue, daß die Kinder sich furchtsam an ihre Mutter schmiegten.

Und Rückert? Kennt ihr die düstre Falte auf seiner Stirn, den Schmerz in seinem männlichen Antlitze? Er hat alle Perlen und Juweelen des Orients auf sein Vaterland gestreut und ist ein armer Mann geblieben, und hat nicht das tägliche Dichterbrod, und verburstet an der Nektarschaale der Weltpoesie. Es ist alles nichts, und das Schönste ist das Elendeste, wenn's ohne Würde, ohne warmblütige Lebensbezüge. Fluch dem schmeichelnden Kirren schöner Gesänge in dieser feigen elenden Zeit.

> Preßt sie diese Dichternarren,
> Preßt die Narren zu Matrosen,
> Zieht sie nur an ihrem Sparren
> Hieher, wo die Wellen tosen.
>
> Ihre Kleider, ihre Hüte
> Soll man festlich übertheeren,
> Und sie soll'n in der Kajüte
> Eine große Hymne hören.

Sollen Nordseeliedern lauschen
Wie sie durch den Himmel brausen,
Wie sie durch die Tiefe rauschen
Und durch Strick' und Masten sausen.

Sollen lauschen mitternächtig
Wie die Haie Beifall klatschen
Und Delphine kunstbedächtig
Taktfest mit den Schwänzen patschen.

Preßt sie, preßt sie, laßt sie hören
Diesen Sturm der Freiheitklänge
Daß sie, ahnend was Gesänge,
Die Poeterei verschwören.

Der witzige Doktor S. aus H. erzählte mir heute Abend eine Duellgeschichte von H. Heine, welche das eigne Bewandniß hat, daß sie für den Zuhörer lebensgefährlich ward, während einer von den Duellanten selbst, nämlich H. Heine, nur mit einer leichten Wunde davonkam. Die lächerliche Pointe in dieser Geschichte hat mich beinahe erstochen. Die Geschichte spielt in Berlin, der Doctor S. war Augenzeuge und zugleich Mitspieler.

Des Doktors Frau, ehemalige treffliche Künstlerin des H. Theaters, führte mir einen unvergeßlichen Abend lebhaft in die Erinnerung zurück, den Abend, wo ich zum erstenmal die Stumme von Portici hörte. Die ganze Brüsseler Revolution — es war ungefähr um die Zeit — mitsammt der Pariser und jeder zitterte in meinem Leibe. Dennoch war meine Aufregung eine rein musikalische, poetische und ich war so unschuldig gemuthet, wie die ehemalige Breslauer Burschenschaft, welche bei der Demagogenuntersuchung beinahe dafür anerkannt wurde, und Heinrich Laube gehörte zu ihren Mitgliedern. Die interessante Frau, die mir heute als besuchender Gast den Wein so anmuthig kredenzte, konnte nicht ahnen, daß sie mich vor sechs Jahren durch ihr lebhaftes, ausdrucksvolles Spiel, im Vereine mit den übrigen leidenschaftlichen Aufregungen dieser Oper, zu dem seltensten poetischen Antheil an ihrer stummen Rolle und zu einem Sonnette aufgeregt hat, in welchem ich mich gar nicht über den Ausgang ihres Schicksals zufrieden geben konnte und, auf gut italienisch, eine eklatante

Rache, ein Wunder für sie verlangte. Ich weiß dieses Sonett noch auswendig; ich finde Vergnügen, es niederzuschreiben; es hieß:

> Der Vorhang fiel, und leise Schauer stahlen
> Sich durch das Haus. — O sah'st du, wie hinab
> Das Mädchen sprang in des Vesuves Grab,
> Hinab mit ihren Schmerzen, ihren Qualen.
>
> Zersprungen ist ihr Aug', so reich an Strahlen;
> Mund, Brust, des Leibes schlanker Lilienstab,
> Der seine Blüthe dem Verräther gab,
> Ein wenig Lava, heiß wie ihre Qualen.
>
> Vesuv, du mußt des Mädchens Rächer sein,
> Mußt ihren Leib, in einem Lavaschwalle
> Selbst Lava, hinter dem Verräther spein. —
>
> Das wär' ein Tanz auf seinem Hochzeitballe!
> Gejagt, verfolgt wird er um Rettung schrein,
> Und sie verglühte über seinem Falle.

Dieses Sonett war der Zwillingsbruder eines anderen, auf Masaniello Cornet. Dasselbe lautete:

> Der Vorhang fiel und leise Schauer stahlen
> Sich durch das Haus. — „Ich hab ihn kaum
> gekannt,

„Den Herrn Cornet, sein Auge hat gebrannt;
„Sein Mund geschäumt — und Gott! er war zum
Malen."

So rief ein schönes Kind aus Hebrons Thalen.
Und ihr Galan, ein Göttinger Student,
Schwur, hol mich der .., das Kerlchen spielt patent;
Das wär ein Senior für uns Westphalen.

Und tief im dunkeln Logenhintergrunde,
Erblickt' ich ein italisches Gesicht,
Mit Flammenaugen und gezücktem Munde.

Mas'niello, schrie er, laß die Fischer nicht.
Es sprühen Flammen aus des Berges Schlunde —
Neapel flammt, bald halten wir Gericht.

Tägliche Erfahrungen gaben mir Gelegenheit, über den wunderbaren Lebenslauf der Deutschen nachzudenken. Es gleicht einer Fabel aus Ovids Metamorphosen, wenn man die Verwandlungen betrachtet, die ein und dasselbe Individuum durchzumachen pflegt. Folgende Verwandlungen scheinen mir typisch:

>Erstens, der Deutsche als Schüler.
>
>So'n deutsches Bürschlein, dem noch offen
>Das Hemd, die Brust, der Himmel noch,
>Sieht über Griechenland betroffen
>Die Götter gucken durch ein Loch.
>Er nähert sich auf leichten Sohlen
>Dem Götterkreis, er streckt die Hand
>Sehnsüchtig schüchtern nach den Kohlen
>Die einst Prometheus schon entwandt.

Zweitens, der Deutsche als Student.

Prometheus sinkt vom Götterheerde;
Statt dessen tritt Sankt Michael,
Mit Drachen kämpfend, auf die Erde,
Wo ihn erwartet der Pedell.
Er schwört mit aufgehobner Rechten —
Held Götze mit der eisernen Hand —
„Tod allen feilen Fürstenknechten,
„Und Auferstehn dem Vaterland."

Drittens, der Deutsche als Verliebter.

Doch mittlerweile sieht mein Ritter
Ein hübsches Mädchen auf dem Ball —
Und Götzens Lanze bricht in Splitter,
Und Werther faselt Liebesschwall.
Er küßt die Kräuter und die Steine,
Die Lottchens kleiner Fuß betrat,
Und säuft das Wasser aus der Leine,
Worin sie sich gespiegelt hat.

Viertens, der Deutsche als Ehemann.

Und um ein Kleines wird Philister
Der Werther, Lotte seine Frau.
Und dann, dann trinkt er, schläft er, ißt er,
Und kennt den Glockenschlag genau.
Führt Akten, oder schwingt die Sichel,
Tauft, pflastert, bakelt immer frisch,
Und kurzum, sitzt als deutscher Michel
Entpuppt am Trink- und L'hombretisch.

Resumé des deutschen Lebenslaufes.

So wird Philister der Verliebte,
Hans Michel der Sankt Michael,
Und der das Feu'r vom Himmel diebte,
Titan Prometheus, ein Kameel.

Und der ihm dies zum Spott geschrieben,
Wer weiß, wie bald die Stunde schlägt,
Wo er mit ihm wird Kegel schieben
Und nach seiner Frau Befinden frägt.

Umfahrt um die Klippe mit Fackeln, die Höhlen und Felsbogen erleuchtet durch Theertonnen. Wie reizend wäre mir diese nächtliche Schifferei gewesen, wenn irgend ein ideeller Zauber in meiner Brust sich mit der phantastischen Scenerie vermischt hätte, ein Gottesdienst, ein Nationalfest, die Erinnerung an meine Kindheit, an ein Mährchen der Liebe. Nichts. Ich fühlte nur die gestörte Einsamkeit und das leere Theatralische dieser Beleuchtung. Der Mond, der kalt und hell am wolkendurchflognen Himmel stand, sah mit meinem Auge in das künstlich beleuchtete Felsenkoulissenwerk hinein; er störte durch seine Helligkeit den Effekt. Mich fröstelte.

Ich hatte Verlangen nach einem Glase Grog, nach irgend einer warmen Täuschung, selbst nach der Liebe, worin der arme Narr von Geheimerath ganz in meiner Nähe steckte, ich beneidete ihn, ich hätte mit ihm getauscht, mich für ihn blamirt, alles mit dem größten Vergnügen für eine halbe Stunde Liebesphantasie in nächtlicher See, der Klippe und den sprühenden Theertonnen gegenüber.

Es sollte nicht sein. Ich schaute nach den Theertonnen, ob sie gut oder schlecht brannten, nach den Männern, die das Feuer anschürten, kleine brandig rothe Gestalten in Rauch und Qualm des höllischen Feuers. Meine Nachbaren entzückte die Aehnlichkeit mit der Wolfsschlucht auf dem Hamburger Theater. Die Fackeln brannten schlecht; der Wind war ihnen ungünstig. Als wir ausfuhren, wehte der Wind gegen die Klippe und da die Helgolander ihre Fackeln nach der Windseite hielten, blieb die Felsenwand, die wir zuerst passirten, im Dunkeln. Der Graf S., der in unserem Boote saß, kommandirte, die Fackeln nach der Klippenseite umzudrehen. Der gute Mann schien nicht zu wissen, daß Fackeln und Köpfe, die leuchten sollen, gegen den Wind angehen müssen. Der Wind schlug die fliehenden Feuer an den Fackelrändern zusammen und erstickte sogleich mehrere Flammen; die übrigen wurden eingeschüchtert und baten den Wind, den östlichen Despoten, um Verzeihung für die Frechheit, leuchten zu wollen. Kinder, rief ich, herum mit den Fackeln, immer frisch gegen den Feind — uud die Flammen standen wieder auf und hielten sich tapfer.

Die schlechten Musikanten spielten Walzer, wie auf dem Tanzboden. Violinengeschrei und Galoppaden entweihten die See. Warum blasen sich die Helgolander Zungen nicht auf Muscheln ein, sie könnten als Tritonen hängend in Stricken vorausschwimmen. Ich hoffe, die

Badedireftion wird fünftiges Jahr für eine noblere Bande forgen. Diefe Hallunfen können nicht mal Rule Britannia fpielen. Das ift zu arg auf einer englifchen Infel.

Campe hat mir eine große Freude gemacht durch Mittheilung einer nordamerikanischen Zeitung, die in deutscher Sprache in St. Louis am Missouri erscheint, und als deren Herausgeber sich ein gewisser Bimpage nennt. Das Blatt vom 29. Jan. 1836 enthält Auszüge aus meinen ästhetischen Feldzügen und eine Bevorwortung derselben, welche mir als ein Händedruck unserer amerikanischen Brüder über das trennende Weltmeer hin, freudig durch alle Nerven zitterte.

Diese Zeitung wird vortrefflich geschrieben. Ihre beiden herrlichen Motto lauten:

„Dies ist Einer von uns, dies ist ein Fremder!"
so sprechen
Niedere Seelen. Die Welt ist nur ein einziges Haus.

Wer die Sache des Menschengeschlechts als Seine betrachtet,
Nimmt an der Götter Geschäft, nimmt am Verhängnisse Theil.

Ich ersahe aus dem Paket der mir mitgetheilten Blätter, daß diese Sinnsprüche keine leeren Schälle und marktschreierischen Trompetenstöße sind, unverkenntlich macht sie der Geist, worin die Zeitung redigirt wird, als Geist der verbundeten Menschheit, als Geist des freien Amerika bemerkbar.

Sehr erfreulich ist es, daß die Zahl der deutschen Zeitungen im Kreise der nordamerikanischen Freistaaten fast jährlich sich mehrt. Daraus geht das löbliche Streben der dort in neuerer Zeit angesiedelten Deutschen hervor, ihre heimathliche Sprache, Sitte und Gesinnung aufrecht zu erhalten. Wenn alle Zeitungen dieser Tendenz mit so verständiger Anerkennung der veränderten Zustände und Bedürfnisse im neuen Vaterlande zu huldigen wissen, wie der Anzeiger des Westens unter der Redaktion von Bimpage, so wird dem gesammten englisch=deutschen Nordamerika ein unermeßlicher Vortheil aus dieser Durchdringung mit deutschgeistigen Elementen erwachsen. Phantastisch dagegen möchte ich die Hoffnungen einiger deutscher Ansiedler nennen, ein neues Deutschland in Amerika zu gründen. Diese unklare Idee führt zu Absonderungen und Spaltungen. Was denkt man sich? Will man Deutschland wiederholen oder neu konstruiren? Vor dem ersteren bewahre euch der Genius der neuen Welt und die letztere Aufgabe — das ideale Deutschland — ruht auf einer Unterlage, die man nicht mit zu Schiffe nehmen kann.

So weit ich jetzt in diese kleine Welt hinaus=
schaue, entdecke ich noch kräftigere Widerstands=
mittel im Charakter und den ursprünglichen Ver=
hältnissen der Helgolander, als ich früher aus=
setzte. Ich habe mich mit ihren Zuständen, bis
in's Kleinste vertraut gemacht, ohne mir unter
ihnen die Miene des Ausforschers zu geben; sol=
chen Herren binden sie die schönsten Sachen auf
die Nase. Schon die Knaben zeigen Lust, die
Neugierigen zu foppen. Manchem wißbegieri-
gen Professor, der hastig nach den Seltenheiten
von Helgoland umherläuft, haben die Schelme
einen Zopf gebunden. Ich amüsire mich stets,
wenn ich diese muthwilligen, schwatzhaften, ge=

lenken Buben hinter dem Pädagogen her sehe, der hier badet, fragt, forscht, Steine und Kräuter sammelt. Die Jungen wissen, daß er auf alle Dinge Jagd macht und überbieten sich in Schelmereien nnd Mystifikationen. So stellt sich Einer, als ob er am Ufer einen wichtigen Fund gemacht, betrachtet sich's hin und her, ruft seine Kameraden, die sich gleichfalls mit scheinbarer Neugier darüber hermachen, und durch dieses Manöver den guten Doktor herbeilocken, dessen kleinen, scharfen, unruhig beweglichen Augen dieser Auflauf keinesweges entgangen ist. Durch den Sand herbeiwatend schreit er schon aus der Ferne: was gibt's, was habt ihr? Dann entreißt er der Hand eines kleinen Spitzbuben irgend eine ordinäre Krystallisation, von der man in einigen Minuten Säcke füllen kann, worauf der Doktor murrend sich nach einem andern Gegenstand seines Forschertriebes hinwendet.

Zu den Gelegenheiten, Helgolands Studien zu machen und die innere Seite ihres Verkehrs genauer kennen zu lernen, gehören die Kaffee=häuser des Oberlandes. Im Allgemeinen wer=den indeß diese Lokale in der Badezeit von den Einheimischen weniger besucht, und bei Tage gar nicht, Sonntags am häufigsten. Doch treffe ich im Kaffeehause meiner Nachbar=schaft, wo ich nicht selten Abends auf ein Stünd=chen einkehre, ziemlich regelmäßigen Besuch etli=cher Alten, die sich manches Jahr auf den Wo=gen des Meeres haben herumschleudern lassen, und bei einem Gläschen warmen Genevergrog in hei=tere gesprächige Laune kommen. Auch der Wirth, obgleich nicht auf Helgoland geboren, ist ein tüchtiger und auf seine Weise interessanter und belehrender Mann. Er heißt Ohlsen, und treibt das Zimmer= und Maurer=Handwerk; die mei=sten neuen Häuser sind von ihm gebaut, und selbst die Felsentreppe ist nach seinem Risse durch einen hannöverschen Baumeister aufgeführt. Er ist nächst Siemens der anschlägigste Kopf auf Helgoland. So hat er schon für den Fall, daß die Sandinsel ein Raub der Fluthen werden sollte, sich eine an der Nordwestkante des Felsens schwebende Badeanstalt ausgesonnen, zu der man in Körben hinabgelassen wird. Einmal war große Wassernoth auf Helgoland, da versprach er binnen 24 Stunden heißes Wasser zu schaffen, und hielt auch Wort, indem er an einer gewissen Stelle der Seeinsel einen mit Erfolg gekrönten Bohrversuch machte. Sollten die Engländer sich zum Bau eines Hafens entschließen, so würden sie in Ohlsen den hochkundigsten Mann finden. Ich unterhalte mich gern mit solchen betriebsamen, ingeniösen und muthigen Leuten, die immer Rath zu schaffen wissen. Da ist auch der ehemalige kühne Fährmann, der zur Blokadezeit die englischen Depeschen nach dem Kontinent schmuggelte und Kopf und Kragen dabei zusetzte, der wackere Klaus Reimers mit dem Gesicht und Anstande eines alten englischen Schiffkapitains, er, der sich auf seinen alten Tagen mit starker Familie, die sein Edelmuth noch vermehrte, durch holländische Krämer ernähren muß, deren Waaren er nach der Küste von Schleswig verführt, und eine unbezahlte Ehrenanweisung an Großbritannien und an die Fürsten und Könige des Festlandes in Händen hat. Oder verdient ein solcher Mann nicht eine kleine Pension, so gut wie ein Soldat, verdiente er nicht auf sein Alter etwas weicher gebettet zu werden, als auf das Kupfer oder Silber einer Medaille, welche England seinen Verdiensten widmete?

Durch solche Männer wird man dann leicht mit der speciellen Gegenwart und Vergangenheit der kleinen Insel bekannt. Da sind manche offene und geheime Wunden, aber noch immer ein kräftiger Herzschlag und eine innere

Bindung nationaler Gefühle. Es hat sich ein Unreines in diesem Jahrhundert angeschwemmt, aber noch nicht so viel, um nicht durch eine Sturzwelle, die muthig über den Felsen fliegt, abgewaschen zu werden.

Ein großen Antheil an dieser sittlich nationalen Behütung nehmen die Frauen von Helgoland. Diese sonst schwächste Seite bei feindlichen Ueberzügen ist hier gut verpalisabirt. Die Frauen und Mädchen von Helgoland stehen nicht mit Unrecht im entgegengesetzten Rufe der Frauen des alten Lesbos. Man sieht es auf den ersten Blick, ihre heitere Unbefangenheit gegen Fremde ist noch ohne Schuld. Stärkere Feuer haben bisher noch Hymens Fackel angezündet. So lebt ein englischer Officier als glücklicher Gatte einer Helgolanderin hier auf Helgoland. Ich vernehme, daß einer andern schönen Helgolanderin ein ähnliches erfreuliches Loos bevorsteht. Noch wetteifert in Keuschheit das Unterland

mit dem Oberlande — wer wird zuerst unter=
liegen?

Die Liebe des jungen Volkes unter sich hat
etwas Mysteriöses, wohinter ein Fremder nicht
leicht kommt. Ich freue mich darüber und zupfe
nur leise an diesem Schleier. Ihr Tanzsalon
heißt das rothe Wasser; da geht alles froh, schön
und sittig her, kein Lärm, kein Rausch, keine
wilden Umfassungen, anständiger wie auf den
Bällen einer Hauptstadt. Soll ich meine Ueber=
zeugung aussprechen, so glaube ich, daß sie über=
haupt nicht, auch wenn sie auf nächtlichen Spa=
ziergängen in der Kartoffelallee oder vor der
Flur des väterlichen Hauses einsam gepaart sind,
wider den Anstand der Liebe sündigen, denn sie
scheinen mir in der Liebe begünstigte Naturkin=
der zu sein. Ihre Sitten kenne ich aber nicht.
Ich weiß nur, daß Mädchen und Jünglinge hier
einen froheren Brautstand führen, als in unsern
Städten, einen zarteren, als auf unsern Dör=

fern. Auch weiß ich, daß sie nicht mehr **kor-teln**, obgleich ich nicht weiß, was korteln ist. Ich habe eine steinalte Urgroßmutter danach gefragt, ist es dies, ist es das? — aber sie nickte mit dem Kopf und wird das Geheimniß mit in's Grab nehmen.

Auf Gesuch des Erbauers habe ich ein kleines, schlankes, zierlich kühnes Lustboot feierlich getauft und ihm den Namen **Bliza of Heligoland** gegeben. Miß Bliza S. genehmigte meine Devotion; sie hat das Boot in Gesellschaft ihrer Schwester und der meinigen eingeweiht. Unter kräftigen Ruderschlägen schossen wir wie ein Pfeil, durch die Wogen dahin, und die herrliche Taufpathin sah mit Vergnügen, wie ihr Pathe bereits mit ihrem frischgemalten Namen prangend und mit einer Phantasieflagge versehen, so schnell laufen gelernt hatte.

Heute Morgen ein köstliches Fingerspitzen-Frühstück, mit Miß E. und Miß H. im Freien, am Abhange der Klippe hingelagert. Miß H. zerschnitt mit silbernem Messerchen eine saftige Apfelsine, und machte ihre Hand zum Präsentirteller. Diese schwanenhafte Gestalt von sechszehn Jahren ist ein reizendes Gemisch von Ernst,

Kindlichkeit, Laune und poetischer Langeweile, was sich im Languissanten ihrer Haltung ausdrückt; sie hat einen Schwarm von Anbetern. Billigermaßen. Miß E., ihre Schwester, voll Geist und Energie, mit Fibern für eine größere Zeit, beinahe improvisatorisches poetisch lyrisches Talent, eine schöne, warme, kräftige, reichausgebildete, an alles Hohe und Edle im Leben frommgläubige, gemeinen Vorurtheilen trotzende, höheren Verhältnissen fromm sich fügende zarte Weiblichkeit. Diese beiden Schwestern sind aus H., Lilien aus dem Miste der Kaufstadt emporgeblüht. Reizender Morgen, wohl der letzte, den ich hier genoß. Ringsum unendliche Bläue von Himmel und Meer, Sonnenschein und zwei unschuldige Wesen, die sich herzig mit mir austauschten.

Franziskus geht mit dem nächsten Schiffe nach Amerika, um in den Urwäldern Gotteswort zu predigen.

Das alte Helgoland.

(Antiquarische Zugabe.)

Helgoland, das gegenwärtig so winzige Felsen=
eiland soll in der Vorzeit auf meilenweitem Um=
fange eine zahlreiche Bevölkerung ernährt, ja in
heidnischer Zeit der politisch=religiöse Mittel=
punkt eines bedeutenden germanischen Volksstam=
mes gewesen sein. Diese juchtenfarbige, mit gel=
ben Bandagen umwickelte Felsmumie soll einst
die Königin der Nordseeinseln, die Oberpriesterin
einer frisischen Gottheit gewesen sein. Jedoch
ist diese Sagengröße Helgolands in neuester Zeit
durch Herrn Prfssr. Lappenberg in Hamburg be=
stritten, und in der gelehrten Welt beinahe außer
Kredit gesetzt worden, was sehr verdrießlich
ist, und mir die Mühe macht, sie wieder zu retten.

Herr von der Decken, Generalfeldzeugmeister und Generallieutnant der Hannoverschen Armee war der letzte, der im guten Glauben jene alten Sagen wiederholte. Seine Schrift über Helgoland enthält bis gegen die Mitte hin alterthümliche Nachrichten. Doch ist nicht zu läugnen, dieser Flügel seines, in andrer Hinsicht werthvollen Buches, besteht aus Falstaffischen Truppen, die ohne Kritik unordentlich aus Sage und unsichrer Chronik zusammengelaufen sind und sich für Geschichte ausgeben; der eine ist lahm, der andere einäugig, dem dritten fehlt das Schloß an der Flinte. Doch, wie gesagt, die Schrift verdient in andrer Hinsicht Lob, und darf nicht nach diesem Maaßstabe gemessen werden.

Hierauf aber folgte als verneinende Ansicht die Schrift des Herrn Prof. Lappenberg. Sie führt den Titel:

Ueber den ehemaligen Umfang und die alte Geschichte von Helgoland. Ein Vortrag bei der

Versammlung der deutschen Naturforscher im Sept. 1830. Hamb. Perthes und Besser.

Der Verfasser entschuldigt etwaige Mängel der Darstellung mit der kurzen und unterbrochnen Zeit, welche er auf diesen Vortrag verwenden konnte. Wären, fügt er hinzu, selbst die dürren Notizen über jenen baumlosen Felsen kunstvoller zusammengereiht, dürften sie wohl an die Theilnahme anderer gerichtet werden, als derer, welche ein lokalnorddeutsches oder ein augenblicklich angeregtes Interesse einer, weniger als schmucklosen Untersuchung zuwenden wollen.

Es ist nicht zu läugnen, Herr Lappenberg hätte die Notizen, die er selbst dürre nennt, durch einen Aufguß von Worten und nicht zur Sache gehörigen Bemerkungen zu einem beleibten Bande anschwellen können; allein deßwegen sollte sich kein Gelehrter entschuldigen, kritische Operationen haben ihren Schmuck in der Schärfe des Messers und ihren Reiz in der Ueberzeugung, daß Aechtes und Wahres sich ablöse vom Unächten und Fabelhaften. Dabei ist eine leichte und elegante Hand nicht zu verachten; meinetwegen dürften auch zierliche Manschetten, zurückgeschlagen über den Rock, sichtbar werden. Dies ist für das Auge, und es läßt sich nicht läugnen, daß unser Auge in dieser Hinsicht delikater ist, als das Auge unsrer Urgroßväter, welche ans Messer zwischen den Zäh= nen im aufgestreiften Hembermel gewöhnt waren. Jene Eleganz zeigt sich in der Art, den Gegenstand anzufassen und sie ist um so eleganter, je einfa= cher und scheinloser sie ist. Ich fürchte aber, Hr. Lappenberg hat sie mit dem sogenannten Schmuck der Rede verwechselt, wovon in den orientalischen Handbüchern gesprochen wird. Es finden sich überall in der Darstellung solche ausgeputzte Stel= len, welche in Betracht der Zeit das Mögliche leisten sollen und gleichsam Entschuldigungen für die Schmucklosigkeit der Notiz darbieten zu wollen scheinen. So die Apostrophe an die Naturfor=

scher: „ein neuer Ruhm steht dem alten Fosetas=
lande bevor, welches morgen gleich einem Tempel
der Isis mit der heiligen Schaar geweiheter Jün=
ger erstrahlen und nach langen Jahren in der
nur zu schnell vorüberziehenden Erscheinung er=
neuert werden wird." Ich erwähne dies nur,
weil ich einen Irrthum in Hinsicht auf die Dar=
stellung darin sehe, welcher der Wissenschaft
fremd sein sollte.

Die Absicht des Herrn Lappenberg war, durch
diese Schrift zu zeigen, daß die Sagen von dem
großen Umfange, von der großen Bevölkerung
und der geschichtlichen Bedeutung des alten Hel=
goland in den ältesten und glaubwürdigsten
Quellen keine Bestätigung finden.

Die Wahrheit ist immer besser als die Lüge,
mag letztre auch einen sogenannten poetischen An=
strich haben. Und dies ist bei der armen Helgo=
lander Sage kaum der Fall. Die Zerstörung ist nur
dann tragisch, wenn die zerstörende Naturgewalt

ein großes sittliches Geschick hervorruft oder auch wenn sie das Bedeutende, Bekannte, Mächtige trifft; Beides ist nicht der Fall mit den Helgolander Kirchspielen. Wer interessirt sich für Jaroskull und Thickenküll? Nicht einmal die Helgolander; denn Herr Lappenberg hat sehr Unrecht, wenn er sagt, daß „das Glockengeläute der vielen im Meer versunknen Kirchen durch das stille Reich der Fluth noch oft zu den Ohren des Fischers heraufdringe. Der Helgolander wenn er angelt oder Fischernetze auswirft, hört nichts als das Geräusch der Wellen und sieht nichts als die tanzende, braunfarbige Blase, an welcher sein Netz befestigt ist. Helgoland ist nicht, wie er meint, der letzte Zufluchtsort der vom flachen Lande vertriebnen Sage. Dieses geheimnißvolle Kind mit den tausendjährigen Augen und dem aufgehobnen Zeigefinger, Sage genannt, reitet vielleicht auf einem Delphin in der Nordsee umher, aber an und auf der Klippe von Helgoland läßt es sich nicht mehr sehen. Der Götze Fosete, der König Rabbobus, die Tempel und Burgen, die Kirchspiele, die Fußstapfen edler Jungfrauen, alles dies hat nur ein todtes papiernes Dasein, und vom sagenhaften Character ist auch keine Spur mehr vorhanden. Gab es eine Zeit, wo das Papier Geist, Wort und lebendige Fortpflanzung war? Nach einigen Erzählungen scheint dies gewiß. Noch im sechszehnten und siebenzehnten Jahrhunderte lautete und webte etwas im Volke, was einer Sage glich. Dennoch bleibt es unentschieden, aus welcher Quelle es floß, die Geistlichen mögen aber ausgeschwatzt haben, was in dem Stolze der Insulaner ein williges Echo fand. Verdächtig ist wenigstens der Umstand, daß sich kein Lied, kein Refrain erhalten, oder irgend etwas, was auf dichterische Fassung zurückschließen läßt. Alles trockne Notiz, ohne Leben und Interesse.

Hr. Lappenberg wird sich dieses zu seiner

Beruhigung sagen lassen, er hat nicht den schönen Garten der Sage durchwühlt und zerstört, sondern nur den Bau der Gelehrsamkeit. Die Kinder von Helgoland werden ihn ohne Schrecken ansehen, er tödtete ihnen kein schönes Mährchen, das sie im Schooße ihrer Großmütter zu hören gewohnt waren. Sie überlassen diesen gelehrten Streit den Gelehrten.

Lassen wir uns nun auch in die einzelnen kritischen Momente etwas näher ein. Es überrascht, gleich im Anfange unter den angeblichen Dokumenten von Helgolands früherer Größe die Ansicht eines G e o g n o s t e n aufgeführt zu sehen. (Man glaubt nur mit der Historie zu thun zu haben.) Wir vernehmen, sagt der Verfasser, daß diese Felseninsel nach geognostischen Merkzeichen einst mit dem Lande Hadeln vereint gewesen sei. Allein, fügt er hinzu, die kritische Geschichtsforschung — diese junge Tochter wissenschaftlicher Auslegung weiß hierauf rücksichtlich des festen Landes nur zu bemerken, daß seit der Einführung des Christenthums und kirchlicher Anordnungen in diesen Gegenden der Abbruch eines gegen die See gelegenen Theiles einige wenige Dörfer verschlungen hat, daß auch der Umfang der Insel Neumark an der Mündung der Elbe dadurch verringert worden, doch kein größerer Distrikt, kein Kirchspiel oder auch nur Kirchdorf an jenem südlichen Ufer der Elbe untergegangen ist.

Hierauf ist denn nichts zu bemerken, als daß die Hypothesen der Geognosten überall keine chronologischen Ansprüche machen. Was aber die genannte Hypothese betrifft, so möchte dieselbe von den wenigsten Geologen angenommen werden. Die Natur selbst hat, durch den Zug der Felsenriffe in die Tiefe des Meeres, eine andere Hypothese aufgestellt, die mehr Wahrscheinlichkeit für sich hat. Einer Verbindung Helgolands mit dem Lande Hadeln hätte sich schon die Fluthströmung der Elbe widersetzt.

Geologen, welche ſie behaupten, denken nicht an die Gewalt der in den Flußmündungen niedrigen See.

Darauf erläutert der Verfaſſer die älteſten Nachrichten über Helgoland, inſofern ſie einiges Licht auf die ehemalige Bedeutung und den Umfang der Inſel werfen, nach einer chronologiſchen Stufenfolge der verſchiedenen Namen, welche ihr ertheilt ſind, als Sachſeninſel, Foſetas Land. Larres, Heiligenland, Inſel der heiligen Urſula und der Nordſitz.

Der Geograph Ptolomäus berichtet, daß über die Mündung der Elbe drei Inſeln der Sachſen liegen (B. 2, C. 1.) War Helgoland die eine, ſo muß ſie, ſcheint es, als Heerd eines deutſchen Stammorts, in jener Zeit einen bedeutend größern Umfang gehabt haben. Turner in ſeiner Purner history of the Anglo-Saxons ſucht in der That die Heimath der in England eingewanderten Sachſen in Helgoland. Dieſe Annahme iſt ein Vielleicht, dem nichts Erhebliches entgegen steht. Die beiden andern Inseln sind verschwunden, vielleicht war es jene fabelhafte Insel Süderstrand und die Gruppe Eiderstadt, Eiderschop und Utthelm, welche sich, durch schmale Gerüste getrennt, unter dem Bilde einer Insel darstellen konnten. Dankrath hielt diese letzten drei Inseln für die insulae Saxonum. H. Lappenberg enthält sich einer Ansicht darüber; wenn er aber gleich darauf die Bernsteininsel, und die Hertha=Insel des Tazitus — (Inseln, die man ebenfalls mit Helgoland identifizirte) — erwähnt und die Identifizirung dieser Inseln mit Helgoland eine eben so schwankende Behauptung nennt, so ist dieses wol verhältnißmäßig zu wenig gesagt, da in der That diese Annahmen um vieles schwankender, willkührlicher und beziehungsloser aussehen.

Eine Insel der Nordsee, welche von Beda und Alkuin unter dem Namen Fosesland erwähnt wird, läßt sich dagegen ohne Widerspruch mit größter Wahrscheinlichkeit in Helgoland wiederfinden.

An diesen Namen knüpfen sich die glänzendsten Bezüge, worin Helgoland jemals nach außen gestanden hat. Fosetenland war das heilige Land der frisischen Stämme, diese Bedeutung und die isolirte Lage mochten wol die Ursache sein, daß im siebenten Jahrhundert der König der Frisen, Rabbod, von Pipin von Heristal geschlagen und aus seiner Residenz Utrecht vertrieben, eine einstweilige Zuflucht auf Helgoland suchte. Dort traf ihn Willibrand, der Apostel der Frisen und Bischof in der Residenz des vertriebenen Königs.

Herr Lappenberg hat das Verdienst, diese interessante Berührung des Apostels mit dem Könige in dem Heiligthum des alten Gottesdienstes auf den einfachen Bericht der ersten Quellen zurückgeführt zu haben; vorher waren sie mit späten und zweifelhaften Nachrichten konglomerirt. Nicht unwichtig war hiebei, die Zeit des Rendezvous zu bestimmen. Ging der König Radbod nach seiner ersten schon erwähnten Besiegung (nach) 692) nach Helgoland, oder erst nach der zweiten im Jahre 697? Herr Lappenberg behauptet letzteres gegen die allgemeine Annahme, wonach der König mit einem frischen in Helgoland und Nordfriesland gesammelten Heere auf dem Kampfplatze wieder erscheint. Man sieht, dies ist für die Ansicht des damaligen Helgoland nicht unwesentlich. Eine Insel als Sammelplatz eines großen Heeres oder gar als Rekrutirungsort gewinnt in unserer Vorstellung an Bedeutung und Umfang.

Wie wichtig aber Helgoland in den Augen der Heidenbekehrer erschien, zeigt sich in der Sendung des heiligen Liudgar. Ludwig der Fromme rüstete diesen Mann mit einem Bekehrungsheere aus, um den Götzendienst von Hel-

goland und mit ihm die Wurzel des Heiden=
thums in jenen Gegenden zu zerſtören. „Mit
dem Kreuze in der Hand, unter lauten Gebeten
nahte er auf ſeinem Schiffe der Inſel; in dem
ſich zertheilenden Nebel erblickten die Seinigen
mit ihm getroſt die weichenden Heidengötter.
Sie fanden wenig Widerſtand, zerſtörten alle
dem Foſete errichteten heiligen Gebäude und er=
richteten Kirchen ſtatt derſelben. Er taufte die
Einwohner wie einſt Willibrand in jener heiligen
Quelle, unter anderen den Sohn ihres Häupt-
lings Landrich, welcher ſpäterhin Presbyter und
ein wirkſamer Verbreiter des Chriſtenthums
wurde." Dies berichtet der zweite Biſchof von
Münſter († 849) Altfried, Nachfolger des heiligen Liudgar.

Helgoland alſo beſaß damals **mehrere
heidniſche Tempel** und an deren Stelle
wurden **mehrere chriſtliche** Kirchen errichtet.
Warum mehrere? Für eine Handvoll Einſiedler

hätte wohl eine Kapelle hingereicht. Helgoland muß also eine zahlreiche, auf ausgedehnter Fläche zerstreute Bevölkerung genährt haben. Herr Lappenberg übergeht diesen Wink mit Stillschweigen.

Die nächste Quelle ist Adam von Bremen. Durch ihn erfahren wir, daß die Insel in einem Zeitraume von kaum zweihundert Jahren ihre Kirchen einbüßte und durch Stiftung eines Klosters erst wieder zu einem christlichen Wohnsitze geweiht werden mußte.

Die Nachricht des Adam von Bremen enthält zugleich eine Beschreibung von Helgoland, die folgendermaßen lautet: Insulam, quae in ostio fluminis Albiae longo secessu latet, tradunt Eilbertum reperisse, constructoque monasterio in ea fecisse habitationem. Haec insula contra Hadeloam sita est. Cujus latitudo (longitudo) vix VIII milliaria panditur, latitudo quatuor; homines stramine fragmentisque navium pro igne utuntur. Sermo est piratas, si quando praedam inde vel minimam tulerint, aut mox perisse naufragio, aut occisos ab aliquo, nullum redisse indemnem. Quapropter solent heremitis ibi viventibus decimas praedarum offerre cum magna devotione. Est enim feracissima frugum, ditissima volucrum et pecudum nutrix, collem habet unicum, arborem nullam, scopulis includitur asperrimis, nullo aditu nisi uno, ubi et aqua dulcis, locus venerabilis omnibus nautis, praecipue vero piratis. Unde nomen accepit, ut Heiligeland dicatur. Hanc in vita Willebrandi Fosetisland appellari didicimus, quae sita est in confinio Danorum et Fresorum. Sunt et aliae insulae contra Fresiam et Daniam, sed nulla earum tam memorabilis.

Die Insel, welche in der Mündung der Elbe in weitem Abstande liegt, soll Eilbert neu aufgefunden und durch Erbauung eines Klosters wohnlich gemacht haben. Diese Insel liegt gegen Habeln über. Ihre Länge mißt kaum 8, ihre Breite 4 Meilen. Die Menschen bedienen sich des Strohes und der Schiffstrümmer zur Feurung. Es geht das Gerede, daß alle Piraten, wenn sie auch nur die kleinste Beute von dort mitnehmen, entweder bald im Schiffbruch verunglückten oder von jemand erschlagen wurden. Niemand kam ohne Schaden nach Hause. Daher pflegen sie den dort lebenden Einsiedlern den Zehnten der Beute mit großer Verehrung darzubringen. Sie ist nämlich sehr ergiebig an Feldfrüchten, sehr reich an Vögeln und Viehheerden. Sie hat einen einzigen Hügel, keinen Baum, wird von schroffen Klippen eingeschlossen und ist bis auf eine Stelle unzugänglich, wo auch süßes Wasser fließt. Der Ort ist allen Schiffern, vorzüglich aber den Seeräubern ehrwürdig, woher er auch den Namen Heiligeland erhielt. Im Leben des heiligen Willebrand erfahren wir, daß die Insel Fosetisland heiße und an der Grenzscheide der Dänen und Frisen gelegen sei. Es liegen noch andere Inseln gegen Friesland und Dänemark, aber keine von diesen ist so merkwürdig.

Dies ist nun die Stelle, welche Herr Lappenberg vorzüglich zur Widerlegung der Sagen über die ehemalige Größe und Bevölkerung Helgolands benutzt hat! Dennoch erfahren wir durch dieselben, daß Helgoland 8 Meilen lang und 4 Meilen breit gewesen. Daß hier freilich nicht von deutschen Meilen die Rede sein könne, gestehe ich Herrn Lappenberg willig zu. Milliare ist eine römische Meile von tausend römischen Schritt. Allein auch dieses Maas ist Herrn Lappenberg zu groß, er erklärt Milliare für ein Maas von tausend Fuß, bleibt aber die Rechtfertigung einer so willkührlichen Annahme schuldig.

Es ist übrigens zu bemerken, daß die ganze Stelle von: haec insula bis zu magna devotione aus einer Wiener Handschrift neu hinzugefügt ist, offenbar als späteres Einschiebsel, jedoch, wie die von Herrn Dr. Pertz entdeckten Handschriften, aus dem 13ten Jahrhunderte.

Bedeutsam ist das Referat, daß die Insel einen einzigen Berg hatte. Heute würde man sagen, die Insel ist ein Fels. Knobloch in seiner Beschreibung der Insel und Festung Helgoland vom Jahr 1643 sagte: die Insel ist in zwei Theile, nämlich in das Obere und Untere abgetheilet, der Obertheil ist ein hoher Fels. Adam von Bremen spricht aber noch von einer Insel, die einen Berg hat, also von solchem Umfange war, daß man eines Berges oder Felsens auf ihr gedenken konnte. Er spricht aber nicht von dem anderen Felsen, der sich noch vor 200 Jahren beinahe bis zur Höhe des jetzigen Felsens erhob und den Namen Wittklipp führte. Hierin waren seine Nachrichten nicht genau.

Herr Lappenberg übersetzt pecudes durch Schaafe, da es doch Viehheerden im allgemeinen bedeutet. Noch am Ende des siebzehnten Jahrhunderts weideten viel Kühe auf dem Plateau der rothen Klippe, die Schaafe weideten am Fuße der weißen Klippe. Ebenso übersetzt er vorgreiflich aqua dulcis mit Quelle.

Auffallend ist die Erwähnung der Lage: an der Grenzscheide der Dänen und Frisen. Von einer kleinen Insel, die in freiem Meere liegt, wäre der Ausdruck lächerlich.

Wer, sagt H. L., den geschichtlichen Werth jenes von Adam von Bremen um das J. 1072 gegebenen Zeugnisses über das von einzelnen Eremiten (woher einzelne? eine Insel, die als sehr reich an Früchten und Vieh beschrieben wird, nährt mehr als einzelne Eremiten. H. L. braucht dieses Wort mehrmals in dem beschränktesten Sinne von isolirten Klausnern; Einsiedler nannte Ad. v. Br. die damaligen Helgolander wegen ihrer Lage und geringen Weltverbindung) bewohnten und das von Eilbert nicht lange vorher zu Erzbischof Adalberts Zeiten (1043 — 1072) wieder entdeckte Felseneiland erkannt hat, wird keine fernere Beweisführung darüber verlangen, daß es im Jahre 1010 nicht 2 Klöster, und — man vergegenwärtige sich den großen Umfang der alten Kirchspiele — deren nicht weniger als 9 gezählt habe. Diese Nachricht scheint lediglich auf einem Irrthume des nordfrieslänbischen Chronisten Heimreich zu beruhen. Dieser sagt, daß Joh. Maier berichte, Helgoland habe im J. 1010 einen Umfang von 2 Meilen Länge und 1 Meile Breite und darin 9 Kirchspielkirchen gehabt. In der bald näher zu erwähnenden Karte von J. M. findet sich aber durchaus keine solche Angabe, welche sich auf die hier angegebene Zeit bezieht.

Darüber bin ich einverstanden mit H. L. dieser Heimreich ist ein Faseler. Uebrigens relevirt diese Erzählung nichts, da die Angaben von der frühern Größe Helgolands keineswegs auf der Heimreich'schen Chronik beruhen.

Hierauf erwähnt H. L. eine merkwürdige Urkunde. In einem Register der Klöster und Kirchen von Nordfriesland, angeblich vom Jahre 1240, welches aber nur in einer Handschrift des 16. Jahrhunderts bekannt ist, wird angeführt, Ins. S. Ursulae, vulgo Helgerlandt. Danach besaß Helgoland, außer einem Kloster, drei Kirchen, Westenkirche, Südenkirche und Ostenkirche.

Gegen die Authenticität dieser Urkunde macht H. L. drei Einwendungen 1) die Existenz von Trümmern der Tempel der Vesta und des Zeus, 2) die abstrakten von den Himmelsgegenden entlehnten Namen und 3) eine Stelle im obigen Zitat aus Adam von Bremen.

Was die Tempel der Vesta und des Zeus betrifft, so sind mir allerdings römische Tempel auf einer Insel verdächtig, welche, mindestens nicht erweislich, durch Römer besucht worden ist. Darüber werde ich jedoch später noch reden. Die zweite Einwendung scheint ebenfalls nicht ohne Grund, wenn vom Prinzip im Allgemeinen die Rede ist; allein auf die frisische Völkerschaft leidet sie keine Anwendung. H. L. kann sich durch einen Blick auf die Karte von Eiderstädt und die frisischen Inseln überzeugen, daß hier eine ziemliche Anzahl Oerter nach den Himmelsgegenden genannt ist. Auf Helgoland gibt es noch heute eine Süd- und Nordspitze, einen Süd- und Nordhafen. Ebenso wenig triftig ist die dritte Einwendung. Dieselbe beruht auf einem Mißverständnisse der Worte. Eilbert soll Helgoland entdeckt und wohnbar gemacht haben. Der Verfasser schließt nämlich aus diesen Worten, 1) daß Helgoland seine Cultur dem Christenthume verdanke — was auch nicht zu bestreiten — und 2) daß es kolonisirt sei und man nicht absehen könne, weshalb man so viele Kolonisten, als zur Bildung von 9 Kirchspielen gehörten, auf jene Felsenklippen geworfen hätte. Von einer solchen Kolonisazion steht aber in Adam kein Wort. Es liegt vielleicht eine mönchische Arroganz in dem Ausdrucke, daß eine Insel, deren Einwohnern man nichts vorzuwerfen hatte, als daß sie auf einer durch ihre Gottheit geweihten Stelle wohnten, erst wohnbar geworden sein soll durch ein Kloster und durch betende lateinische Mönche; allein eine andere als solche Beziehung, nämlich auf christliche Kultur kann dieser Ausdruck nicht haben. Helgoland war um einige Dutzend Geistliche, die nicht heiratheten, reicher geworden. Diese geistliche Kolonie war der einzige Anwuchs an Köpfen, von dem uns erzählt wird. Andere Kolonisten, als diese, läßt nicht Adam von Bremen, sondern Hr. Lappenberg nach Helgoland kommen, „auf diese Felsenklippen," wie wol heutigen Tages gesagt werden darf, aber nicht damals, "als die Insel einen Fels hatte." Ich finde daher, mit Ausnahme jener Erwähnung von römischen Tempeln, nichts, was das alte Kirchenregister von Nordfriesland in Hinsicht auf Helgoland verdächtig macht.

Wir gehen zu der letzten Erwähnung Helgolands aus der noch dunkeln und ungeschichtlichen Zeitperiode über. Im Jahre 1300 soll Helgoland durch Sturmfluthen sieben Kirchspiele und zwei Klöster eingebüßt haben. Ein gewisser Adalbert Laß wird als Gewährsmann dieser Nachricht genannt, welche übrigens nicht weiter akkreditirt ist. Mit Recht nennt auch Hr. Lappenberg sie so sehr eines unterstützenden Beweises ermangelnd, "daß nicht einmal der Stoff zur Widerlegung gegeben ist." Er hält indeß die Maiersche Karte für die Veranlassung dieser Angabe. Auf dieser Karte sind im Jahre 1300 9 Kirchspiele angeführt. Vielleicht liegt aber eine Verwechselung zum Grunde, denn

im J. 1300 soll nach Dankwarth die Stadt Ring=
holt auf Strand mit mehrern Dörfern und Orten,
ja, nach einigen Nachrichten mit sieben Kirch=
spielen durch die Fluth verschlungen worden sein.

Hr. Lappenberg geht nun auf die sparsamen
geschichtlichen Notizen über, welche die Geschichts=
aera von Helgoland bezeichnen. Da ich das
Geschichtliche einer eignen Darstellung aufspare,
so treffe ich den Verfasser erst bei einer der wich=
tigsten Untersuchungen wieder, bei der Erwäh=
nung der Maierschen Karte. Der Verfasser sagt
Seite 21: „es bleibt jetzt nur noch ein Gegenstand
zu erwähnen, derjenige, welcher die Zusammenstel=
lung der hier gegebenen Nachrichten, zur Wider=
legung der so weit verbreiteten Irrthümer zu=
nächst veranlaßt hat." —

Ehe wir auf die Karte selbst kommen, muß
erwähnt werden, daß letztere Beschuldigung nicht
ganz mit der Wahrheit übereinstimmt. Sind
die Nachrichten über Helgolands ehemalige Größe

und Bevölkerung Irrthum, so ist dieser Irrthum wenigstens älter als die Maiersche Karte. Festgehalten hat diese vielleicht jene Sage, welche sonst zerstreut worden wäre; aber veranlaßt hat sie dieselbe nicht. Dies wird aus dem später Folgenden erhellen, wie es auch im Verlaufe aus der Schrift des Hrn. Lappenberg selbst später ersehen werden kann.

Mit der Maierschen Karte verhält es sich folgendermaßen. Johannes Maier, welcher den Titel, königl. Mathematicus führte, vermaß im Auftrage der dänischen Regierung die Herzogthümer Holstein und Schleswig. Er brachte, wie er sich selbst in der Debikazion an den König darüber ausdrückte, von Anno 1638 bis zu Ausgange des 1648 Jahres mit Reisen und Besichtigung aller Oerter, diese zehnjährige Zeit also zu, „daß die Distanzien der Oerter mit mathematischen Instrumenten abgemessen und daraus die Grundrisse formiret worden." Ein gelehrter

Landsmann von ihm, Kaspar Dankwarth über:
nahm darauf die historische und geographische
Beschreibung der Maierschen Karte und die ge:
meinsame Arbeit erschien im Jahre 1652, in
groß Folio. Den Stich der Karten hatten zwei
talentvolle Brüder, Goldschmide in Huseum,
Mathias und Nik. Petersen besorgt; diese Ar:
beit ist ausgezeichnet durch ihre Sauberkeit und
hin und wieder mit kleinen Vignetten versehen,
welche ihren höheren Beruf zur Kupferstecherkunst
darthun.

Was nun die Karte selbst betrifft, so
muß man bekennen, daß heutigen Tages kaum
etwas Aehnliches an Fleiß, Ausdauer und Ge:
wissenhaftigkeit ꝛc. in dieser Art zum Vorschein
kommt. Wahrhaftig zu bewundern ist das De:
tail. In zwei großen Herzogthümern vermißt man
nicht den kleinsten Bach, in dem sich eine Kir:
che spiegeln kann, keinen Hügel, auch nur von
der Höhe, daß er vom Steinwurfe eines Kna:

ben erreicht wird, keinen Weiler, der einigen Familien Obdach gibt, ja oftmals auch die einzelne Hütte nicht, die in einer verlassenen Gegend das Auge des Wanderers auf sich zieht. Dabei sind die Lagen und Entfernungen, so weit dies noch gegenwärtig erkannt werden kann, mit seltenen Ausnahmen richtig angegeben und auch im Großen muß man den Vermessungen eine wissenschaftliche Genauigkeit zuschreiben, wie sie nur damals, bei dem unvollkommenen Zustande der astronomischen Messungen, möglich war.

Pflicht wäre es demnach für Hrn. Lappenberg gewesen, bei der ersten Erwähnung dieses Mannes die Anerkennung auszusprechen, welche seiner Asche gebührt. Es thut mir leid, daß Hr. Lappenberg diese Pietät nicht übte. Keiner von den deutschen Gelehrten, welche der Vorlesung beiwohnten, hätte über das große Verdienst des seligen Maiers in Unwissenheit bleiben müssen, ehe er ein Wort des Tadels über eine seiner Arbeiten vernahm. Hr. Lappenberg stellt ihn gleich von vorn herein in ein ungünstiges zweideutiges Licht. Die Glaubwürdigkeit der Maierschen Karte von Helgoland, sagt er, so wie anderer Karten desselben Mannes, von welchen letzteren hier jedoch nicht die Rede sein soll, ist schon häufig angefochten worden, dennoch in neueren Zeiten blind angenommen und lebhaft vertheidigt. Ich kann diese Introduktion nicht billigen. Man hat die Glaubwürdigkeit dieser andern Karten angegriffen und blind vertheidigt. Dies ist ein Referat von zwei entgegengesetzten Ansichten, welches in eine Art von Kritik umschlägt, die nur zu sehr den Charakter einer künstlich verführenden Farbenmischung verräth. Denn warum sind die Angreifenden ohne kritische Farbe und die Vertheidiger mit einer dunkeln vorgestellt. War es die Meinung des Hrn. Verfassers, daß jene, die so im Allgemeinen genannt werden, größere Gelehrte und schärfere Köpfe sind, als letzte? Dann will ich unter letzteren nur einen Dahlmann nennen, der in seinen Vorlesungen sich stets für die Maiersche Karte erklärte und namentlich die 9 Kirchspiele derselben annahm. Oder glaubt der Verfasser, daß zur zweifelnden und zerstörenden Kritik überall mehr Scharfsinn gehöre, als zur Kritik, die aufbauet, sichtet und vor allen Dingen sich mit dem Gegebenen verständigt und selbst dem Irrthum eine practische Erklärung nicht versagt? Ich nehme dieses nicht an.

Es muß aber vor allen Dingen bestimmt werden, welche Art von Glaubwürdigkeit der alte Maier mit seiner Karte von Helgoland (und den beiden Karten vom alten Nordfriesland, jenen anderen, worauf H. L. vermuthlich anspielt) verbunden wissen wollte. Man braucht in dieser Hinsicht nur über den Gehalt dieser Karte zu berichten, um dem Leser den Maaßstab der Kritik in die Hand zu geben.

Indem Johannes Maier die Landstriche an den Küsten der Nordsee und die in der Nordsee liegenden dänischen Inseln ausmaß — führten ihn sowohl die Beschaffenheit des Bodens, als die Berichte der Landleute auf eine Vergangenheit zurück, worin des Sandes ungleich mehr, des Wassers ungleich weniger gewesen war. Es konnte ihm daher nicht fremd bleiben, daß dieselbe Fluth, welcher diese Landschaft ihr Dasein verdankte, ihr späterhin einen großen Theil ihres täglichen Geschenkes wieder entzogen hatte. Hinter den Deichen von Dithmarschen, Eiderstädt, dann gegen Nordfriesland lagen zur Ebbzeit weitgestreckte Watten entblößt und noch tiefer in die See hinein spülten die Wellen über meilenweite Sandbänke, die hin und wieder, gleich den Watten, durch schmale Strömungen zerrissen waren. Alles dies ist noch heutigen Tages der Fall. Die Ebbe verbindet Inseln mit Inseln und dem festen Lande, und selbst bei voller Fluth ist der Grund des Meeres fast überall in einer Entfernung von mehreren Stunden nicht tiefer als 9 Fuß. Alle diese Untiefen sind nach Westen eingeschlossen durch zwei ungeheure Felsenriffe, die von Helgoland in mehreren Richtungen ausschießen und von welchen zwei, beinahe parallel, in nordwestlicher Richtung an das jütische Riff stoßen, was eine Entfernung von ungefähr dreißig Meilen ist.

Daß dieser öde Meeresgrund in früherer Zeit bewohntes Land gewesen, ist eine alte Sage jener Uferbewohner, die sich theils sächsischer, theils frisischer Abkunft rühmen. In der That ist gegen diesen Glauben durchaus kein erheblicher Einwand aufzubringen; vielmehr dient ihm alles zur Bestätigung. Zuerst die Beschaffenheit jener überflutheten Inseln selbst. Sie bestehen theils aus Schlick, theils aus Sand. Von den Sandbänken, welche das Meer aufwühlt und nach andern Orten hinträgt, läßt sich kein sicherer Rückschluß machen. Desto überzeugender aber von den Watten, die aus Schlick, der Grundlage der Marschländer bestehen. Dieser Schlick ist bekanntlich das vereinte Resultat von dem Zusammentreffen der Flüsse und des Meeres, indem die vom Sande immermehr gereinigte Thonerde, welche die Flüsse gegen ihre Mündung mit sich führen, zur Fluthzeit, über eine Unterlage schon gebildeten Landes hinweggeht, zur Ebbezeit als Bodensatz darauf zurückbleibt, sich dann unter günstigen Bedingungen allmählig erhöht und eine Reihenfolge von Pflanzen erzeugt, die mit der Erscheinung der letztern, namentlich des weißen Klees die Reife des Bodens für den Anbau verkündet. Land also, das aufschlicken soll, setzt ein Flußbette, Ebbe und Fluth, eine gewisse Ruhe der Bildung, und endlich wahrscheinlich auch die auflösende Kraft der Luft und des Salzwassers voraus. Der aus weitem Meer geführte Schlick konnte sich schwerlich irgendwo auf dem Grunde ansetzen, auch spült die Fluth seit Jahrhunderten den Schlick der Watten hinweg. Was ist also einfacher, natürlich gegebener ja gebieterischer als die Hypothese, daß jene Watten der Nordseeküsten auf demselben Wege und unter denselben Bedingungen entstanden sind, als die Inseln und Marschgegenden der Küste, welche dieselbe Grundlage des Bodens theilen? Diese Mündungen der Flüsse, der Eider und noch jetzt durchschnittnen Watten haben einst höher gelegen, sie haben die Höhe des jetzt bewohnten Landes erreicht; sie waren einst bewohnt, sie sind durch Fluthen, durch ähnliche Fluthen, als welche uns die einstimmige Ueberlieferung der Nordseebewohner, Sachsen, Holländer, Frisen, von gewissen Jahren aufbewahrt, gewaltsam abgeschwemmt und aus dem Reiche des Grünenden und Lebendigen verschwunden. — Ich habe bereits der weiteren Ausdehnung dieser

Watten erwähnt. Um sich einen äußersten Begriff davon zu machen, vernehme man, daß eine acht Meilen lange, über Helgoland hinausreichende Strecke von Huseum gerade westwärts in die Nordsee aus einem einzigen großen Schlickbette besteht.

Was die Sage überliefert, die Natur der Dinge mehr als wahrscheinlich macht, bestätigt eben jener Adam von Bremen, welchen Hr. Lappenberg irrigerweise für die verneinende Kritik in Anspruch genommen hat. In seinem Buche de situ Daniae worin auch die Stelle über Helgoland vorkommt, sagt er, latitudo Jütlandiae secus Eyderam diffusior est, inde vero paulatim contrahitur in formam linguae, das heißt, Jütland ist bei der Eider am breitesten, von hier an zieht es sich allmählig in der Gestalt einer Zunge zusammen. Also auch im 11. Jahrhundert war diese Halbinsel an der Stelle am breitesten, wo sie jetzt am schmalsten ist.

Man ziehe eine Linie von Norden nach Süden, sie umschließt das untergegangene Inselland, welches auch den Sagen und Chroniken nach nur durch schmale Gewässer vom festen Lande geschieden wird. Ich will aber annehmen, der sonst wohlkundige und in Schleswig, Jütland bereisete Erzbischof habe sich um mehrere Meilen verrechnet; es bleibt noch immer seit jener Zeit Land genug für die Zerstreuung durch Sturmfluthen übrig.

Aber was wiegt die Berechnung eines Mannes gegen das Zeugniß der Geschichte. Ich will mich nur auf eine Angabe beschränken. Man ziehe eine Linie von der Ostküste der Insel Föhr gerade nach Süden, auf den Meridian von Tönningen, und man wisse, alles was gegen die Küste jetzt Wasser ist, war, mit Ausnahme jener schmalen Strömungen, einst historisch bewohntes, fruchtbares, reiches Land, die größte Insel in diesem Raume ist gegenwärtig Pellvoren. Die=

ſes Pellvoren iſt nur ein kleines Bruchſtück einer Inſel, die noch zu Anfange des Jahres 1334 drei Meilen lang und eine Meile breit war, 4 Kirchen und gegen 8000 Einwohner zählte und jährlich mehrere Tauſend Laſten Korn in die Fremde ausführen konnte. Von den 24 Halligen, das iſt kleinen untergetauchten Inſeln, welche ſie damals umringten und auf einen großen Zuſammenhang in der Vorzeit zurückſchließen laſſen, ſind die meiſten verſchwunden und werden, mit allen übrigen Halligen der Nordſee mit ihrer jährlichen Einbuße von 1000 bis 2000 Ruthen Areal bald gänzlich durch die Fluth zerſtört ſein.

Ich kehre zu unſerm Johannes Maier zurück. Wenige Jahre nach der ſo eben erwähnten furchtbaren Ueberſchwemmung hielt ſich Maier auf dem Theater derſelben auf. Vielleicht trug dieſer Umſtand nicht wenig dazu bei, ihn auf die geheimnißvolle Tiefe aufmerkſam zu machen. Da=

mals lagen die Wellen noch höher, das untergegangene Land hob sich in weiter Entfernung von der Küste reliefartig zwischen den tieferen Einschnitten und Strömungen heraus. Ob Maier gleich anfangs den Plan faßte, den er nachher ausführte, wissen wir nicht. Vielleicht lockte ihn der Reiz dieser Entdeckungen von Schritt zu Schritt weiter, bis sich endlich auf einer hypothetischen Sagenkarte die unsichtbaren Umrisse bereits versunkener Landschaften mit den sichtbaren der noch erhaltenen vollständig zusammenfanden. Und in der That; diesen physischen Theil seiner Arbeit kann man nicht wohl der Abenteuerlichkeit beschuldigen, wenn man sich anders durch das Obige eine unparteiische Anschauung der Naturverhältnisse jener Gegenden erworben hat. Jeder Schiffer wäre noch heutigen Tages im Stande, einen Theil der Maierschen Arbeit zu prüfen. Denn noch immer ist die Schifffahrt vor und nach der Schleswigschen

Küste, zwischen jenen Inseln und Halligen und weiter in die See hinaus bedingt durch jene tiefen Buchten und Flußarme, welche einst die Grenzscheiden zwischen den versunkenen Inseln bildeten und ehemals so schmal waren, daß die Sage vom Stege und von dem Kornsacke, der hinüber herüber getragen wurde, an vielen Orten sich wiederholt. Die Maiersche Karte ist demnach in dieser Hinsicht so glaubwürdig, als das Auge zur Zeit der Ebbe oder als das Senkblei, das sich in die Tiefe hinabließ.

Aber Maiers Begleiterin war nicht allein das Senkblei, auch die Sage saß mit ihm in seinem Entdeckungsboote. Sie belebte ihm diese todte Wasserfläche, sie umschrieb mit dem Finger diesen und jenen leeren Kreis in den einförmigen schweigenden Räumen, welcher einst Häuser und Kirchen getragen haben sollte. Auf diese Weise kam der statistische Theil zu seinen Karten hinzu, deren er drei an der Zahl entwarf, nämlich eine

Generalkarte des alten Nordfrieslands von der Eider bis an die Nordertiefe mit beigefügter Parallelkarte aus Maiers Zeiten, dann eine Karte von dem nördlichen und endlich eine von dem südlichen Theile dieses Landes, alle drei aus dem Jahre 1650. Daß ihm, wie man wol behauptet, ältere Karten zu Grunde gelegen, ist unerweislich, ja Maiers eigene Geständnisse und Dankwarths Worte widerlegen eine solche Annahme. Dankwarth sagt: was die Karten des alten Nordfrieslands anreichet, zeuget der königliche Mathematicus Johannes Maier, daß er fleißig den Tiefen nachgefahren und alte glaubwürdige Männer jederzeit zu Gefährten mit sich genommen, welche ihm die Oerter, wo die Kirchen und Dörfer belegen, ja die ganze Gegend gezeigt haben, wornach er denn die Karten formirt und in Grund geleget habe.

Diese allgemeine Erwähnung des Ursprunges der hypothetischen Maierschen Karten wollte ich der nun folgenden besondren Betrachtung der Karte vom alten Helgoland voraussenden. Diese Karte theilt die Art ihrer Entstehung mit den übrigen, so auch den Grad der Verlässigkeit, welcher jener zukommen mag. Was nämlich die Größe und Umrisse des Landes betrifft, so hat man, nach obigen Voraussetzungen, keinen Grund, hierin die hypothetische Karte einer wirklichen um vieles nachzusetzen. Anders verhält es sich indessen mit den Namen und Oertlichkeiten, von denen kein Senkblei Kunde geben konnte. Hierin ist die Maiersche Karte so glaubwürdig und um nichts mehr oder weniger glaubwürdig, als der Mund jener alten Männer, welche vor zweihundert Jahren eine Sage von vierhundert Jahren wiederholten. —

Wir, im neunzehnten Jahrhunderte, was wissen wir überhaupt von einer Sage, von diesem monotonen Gewinsel über dem Kies voriger Jahrhunderte! Wie sollten wir zu einer Zeit, wo tausend Ideen, Einfälle, Begebenheiten durch unsere Köpfe rennen, wo ein Tag den andern verschlingt, und das größeste Weltereigniß von gestern über Nacht zum grauen Mährchen wird, wie sollen wir die liebende Hartnäckigkeit einer alten Sage begreifen, einer alten einfältigen Geschichte von dem Mühlbache, der nicht mehr rauscht, von dem Walde, der in Flammen aufging, von der Kirchthurmspitze eines elenden Dorfes, die verkehrt im Meeressande ruht. Eher noch verstehen wir die Lebensdauer einer Sage, die über sichtbaren Trümmern flüstert, die sich mit dem Moose an das steinerne Wappen eines Burgthores anklammert, oder sich epheuartig um den Stab des wandernden Rhapsoden windet. Wir verstehen eine Sage, die anekdotisch ist. Aber diese reizlose arme Ueberlieferung von verschwemmten Dörfern in der Nordsee, diese Ueberlieferung, die Jahrhunderte lang einen Namen ohne Bedeutung nachsingt, sie bleibt uns ein Räthsel; wir müssen unsere Phantasie zu Hülfe nehmen, um uns die Fortpflanzung eines so oben Schalles irgendwie erklärlich zu machen.

Und doch war für jene eintönigen Kinder der See nichts natürlicher, als die Pflege schrecklicher Erinnerungen, die mit dem Schicksale ihrer Familien, mit der Lebensart, die sie führten, mit den Gefahren, die fortwährend auch über ihren Hütten schwebten, in naher Verbindung standen. Zwanzig Dörfer gingen unter, tausend Menschen raffte die Fluth hinweg, hundert, fünfzig, zehn fanden Gelegenheit, sich zu retten, Väter, Mütter, Söhne, Brüder der Ertrunkenen. Die Meisten von diesen Noachiden fanden Zuflucht in der Nachbarschaft, eine neue Heimath für die zerstörte. — Wie viele Jahre garantirt man diesem furchtren Ereignisse? — Hier hört die Rechenkunst auf. Das Andenken erneut sich anfangs mit jedem Sturme, es vermischt sich später mit ähn=

lichen Katastrophen, es schwächt sich durch die Sicherheit der Jahrhunderte, noch mehr durch Chroniken und Bücher, welche, wenn sie sich mit der Sage vermählen, ihr nicht allein den jungfräulichen Zauberring vom Finger ziehen, sondern auch Ursache ihres jähen Todes werden. Nicht viel früher aber als die allgemeinen, pflegen die örtlichen Erinnerungen auszusterben; wird die Sage erst arm und kahl an diesen, so ist sie schon eine Greisin, die sich überlebte. Das Familienunglück hat übrigens beinahe so viel Gedächtniß, als der Familienstolz. Fischerei trieb den Enkel weit und breit in den Küstenmeeren herum. Sollte er der Heimath seiner Väter uneingedenk sein, wenn sein Kahn über ihren versunkenen Hütten schwebte? Ich bin weit entfernt, meinen friesischen Schiffer aus der Geßnerschen Idylle zu nehmen, ich leihe ihm keine poetische Stimmung, nicht einmal ein Ergriffensein von dem düsteren Reize, der für uns

in einer solchen Situation liegen mag. Ich
gebe ihm blos faktische Erinnerungen. Hier,
sagte er sich, hier lag Morsum, das Dorf,
wo mein Urgroßvater wohnte, wo mein Groß=
vater geboren wurde; drüben, eine Stunde wei=
ter nordwärts, lag Esbüll, aus Esbüll stammte
meine Urgroßmutter. Was will man weiter,
um sich eine einfache Sache zu erklären! Die
Sage wanderte von Geschlecht zu Geschlecht und
breitete sich nach dem Grade früherer nachbar=
licher Verbindungen, über die Familien in wei=
teren und engeren Kreisen aus. Auch gab es
wol immer Leute, die daraus eine Art Studium
machten. Man braucht sich unter solchen nicht
eben Prediger und Schullehrer vorzustellen; denn
überhaupt muß hier erwähnt werden, daß die
Sinnesart der Friesen, wie sie gegenwärtig noch
sich äußert, zu dergleichen Untersuchungen hin=
neigt. Dieses Schleswigsche Friesland ist ein
alterthümliches Land in Gesetz, Sitte und Spra=

che, seine Bewohner, besonders die der Inseln, sind eigenartig, stolz, nachdenklich, wißbegierig, man findet beinahe in jedem Dorfe landeskundige Leute, natürliche Mathematiker, Mechaniker, Philosophen. Es könnte ihnen kein größeres Unrecht geschehen, als wenn man sie mit den Bauern der holsteinischen Geest verwechselte. Sie haben niemals das Elend und die Leibeigenschaft gekannt. Von dem untergegangenen Nordstrand erzählt Dankwarth, daß es viele seiner Söhne auf auswärtige Akademien sandte! —

Ich gehe jetzt zu der Maierschen Karte von Helgoland über. Außer einer vom Jahre 1649, welche im Atlas das Obere des Blattes einnimmt, gibt er uns eine Einschachtelung von Karten, welche die Insel von den Jahren 800, 1300 und 1649 darstellen sollen.

Abstrahiren wir zunächst in Rücksicht auf jene alten Karten von dem Inhalt der Sage, und denken sie uns als hypothetische Naturzeichnung. Diese doppelte Betrachtungsweise rechtfertigt sich, wie wir bereits gesehen, durch die doppelte Entstehungsart dieser Karte, durch das Senkblei und durch die Sage. Herrn Lappenbergs archivarische Kritik beginnt mit der Sage und endet damit, daß sie wegen der angeblichen Inkonsequenz derselben mit den oben zitirten historischen Nachrichten auch dem physischen Theil der Karte jede Glaubwürdigkeit abspricht. Wenn, meint er, Fosetasland nicht jene Tempel und Burgen und späterhin jene sieben Kirchspiele besaß, welche auf der Karte abgebildet stehen, so hat es auch nicht den abgebildeten Umfang besessen. „Wenn Adam nicht war, so ist auch das Paradies nicht gewesen." Diese Folgerung ist einleuchtender.

Allerdings bekennt Dankwarth, daß Maier seine Karten zusammengestellt hat ex traditionibus, sed humanis, nach Traditionen, die menschlichem Irrthume unterworfen sind und die keinesweges antiquarische göttliche Autorität der Traditionen von Sem, Ham und Japhet besitzen. Aber damit wiederholte er nur, was Maier selbst ihm gesagt hatte. Warum auf das Andenken eines wackern Mannes den Schein des Betruges werfen? Maier selbst vindizirte ja dem statistischen Theile seiner Karte keine andere Glaubwürdigkeit als die alten glaubwürdigen Männer, die er zu Gefährten mit sich nahm. Und bei welcher Gelegenheit? Als er fleißig den Tiefen nachfuhr, d. h. das ertrunkene Land sondirte und ausmaaß. Dieser erste und ausschlüßliche Theil seiner Autorität ist also die unabhängige Basis der Gegend. Er steht für sich und verdient an sich geprüft zu werden. Herr Lappenberg schleudert ihn der umgestoßenen Sage nach. Der Hauptrest von Helgoland bestand im Jahr 1649, wie gegenwärtig aus dem Felsen, genannt die rothe Klippe. Dieser nebst der damals noch mächtig hervorragenden weißen Klippe ist auf der Karte in dem südwestlichen Winkel des hypothetischen Landes von den Jahren 800 und 1300 gezeichnet, umringt von den vielen Klippen, welche allem Vermuthen nach vormals zu seiner Peripherie gehörten. Der übrige größte Theil der Karten ist unabgesetztes, unschraffirtes Land bis auf die Küste, welche mit einer Dünenkette umrändert zu sein scheint. Eine Menge von Holzungen bedeckte das Land vor 800, wovon die Reste noch auf der Karte von 1300 erscheinen. Kleine Bäche, oder, wie man sie in Marschgegenden zu nennen pflegt, Priehle, suchen nach allen Seiten hin die Küste; drei davon enthält die Karte von 1300, sie laufen von dem Fuße des Felsens ab. — Erwägt man nun diese Andeutungen, so war Maier weit entfernt, sich das untergegangene Land als Klippe zu denken. Seine Karte stellt eine weite buschigte Wiesenfläche dar, ganz im Charakter jener kontinentalen und insulanischen Küstenländer der Nordsee, so lange dieselben durch Deiche unbeschützt, der hohen Fluth ausgesetzt blieben. Durch diese Bemerkung sind die Einwendungen beseitigt, welche man von dieser Seite her gegen die Maiersche Karte erhoben hat. Irrigerweise hat man sich den größten Theil der Insel als Felseninsel gedacht und diese Voraussetzung der Landkarte untergeschoben.

Das Helgoland von 800 mißt in seiner größten Länge 3500, und in seiner größten Breite 2800 Ruthen. Nach Süden und Westen dehnt es sich nur um ein geringes über den jetzigen Kern hinaus, die abgerissene Lücke ist nach Norden und Osten hingezeichnet. Man erinnere sich der 8 Meilen langen Schlickwatte, die vom westlichen Ufer schräg ausgeht und den Ueberzug des sandigen Meergrundes bildet. Man wisse aber, daß diese Thatsache nicht die einzige ist, welche die Grundlage der Maierschen Karte im allgemeinen zu rechtfertigen scheint. In einer Entfernung von ungefähr 2 Seemeilen östlich von Helgoland hat die See sechs Faden Tiefe, dann sinkt sie plötzlich auf 16 Faden herab, setzt sich aber in einer ebenen Tiefe von 6 bis 7 Faden bis an die Küste von Schleswig fort. Auf der Maierschen Karte ist in der nämlichen Entfernung die Strömung der Nordsee angegeben, welche die östliche Küste von Helgoland von der gegenüberstehenden südwestlichen der hypothetischen Insel Süderstrand abscheidet. Dies ist freilich nur ein Schifferzeugniß, aber ich ziehe dasselbe in der Sache, die wir besprechen, allen lateinischen Autoritäten vor.

Die Karte von 1300 enthält 1250 Ruthen in der größte Länge und 1200 in der größten Breite. Ich konnte nicht in Erfahrung bringen, ob ein Absatz der Meeresfläche von dem bezeichneten Umfange noch heutzutage beobachtet worden. Unbedenklich nehme ich aber diese Er=

fahrung für die Zeit an, als Maier hier sondirte. Ich weiß nicht, ob nach ihm sich Jemand die Mühe gemacht hat.

Die Karte von 49 beträgt 475 Ruthen in größter Länge und 200 in der größten Breite und 102 mittlerer Breite. Herr Lappenberg bemerkt hiezu: „die Nachlässigkeit, mit welcher diese Karte verfertigt ist, bewährt sich besonders durch den wahrhaft lächerlichen Umstand, daß Maiers Helgoland vom Jahr 1649 nur 48,512 Quadratruthen beträgt, während diese Insel, welche vor 1 Jahrhundert eilfmal größer als sie jetzt ist (nach Lappenberg 505 größter Länge, 170 größter Breite und 135 mittl. Breite) gewesen sein soll, jetzt 87,765 Quadratruthen im Umfang hat, wodurch die oberflächliche Beobachtung verlockt worden ist, den Umfang des Helgolands vom Jahr 1649 sich zu verdoppeln." Herr Lappenberg ist in seiner Berechnung in einem Irrthum befangen. Was die von ihm der

Maierschen Karte gegebene Ruthenzahl betrifft, so ist dieselbe allerdings richtig, ich habe sie nachgemessen. Allein, wenn er diese Ruthen der Maierschen Karte mit den rheinischen Ruthen dieser Berechnung des heutigen Umfangs der Insel zusammenstellt, so begeht er einen gröblichen Fehler. Maier rechnete nicht nach rheinischen, sondern nach holsteinischen Ruthen. „Der königliche Mathematikus, (sagt Dankwarth) Johannes Maier hält dafür, wie er denn im Durchreisen und Messen der Länder wahr befunden, daß auf eine deutsche Meile, deren fünfzehn auf einen Grad gehen, tausend neunhundert und zwanzig Ruthen kommen, jede Ruthe hiesigem Landesgebrauche nach, auf 16 Fuß, oder 8 Ellen, die Elle aber ein wenig größer als die Lübecksche genommen. 480 besagter Ruthen ist die Größe einer deutschen Viertelmeile. Wollte man nun diese 480 Ruthen in rheinländische Maaße bringen, für 12 Fuß die Ruthe berechnet, so kämen alsdann 640 Ruthen für eine Viertelmeile und 2560 Ruthen auf die ganze Meile." — Auf der Maierschen Karte selbst ist die deutsche Meile ausdrücklich zu 1920 Ruthen angezeigt. Danach ist die Angabe des Herrn Lappenberg zu berichtigen. Der Umfang des ganzen damaligen Helgolands ist bei Maier nicht kleiner, sondern um mehrere hundert Ruthen **größer**, als gegenwärtig. Dennoch bleibt ein Mißverhältniß in der Messung des Felsens selbst zu tadeln. Der Felsen, der nach Dankwarth 900 Ruthen = 14,400 Fuß im Umfange hatte (Lappenberg hörte von 13,800) mißt bei Maier nur ungefähr 750 Ruthen = 12,000 Fuß.

Was die Glaubwürdigkeit des statistischen Theils dieser Karten betrifft, so beziehe ich mich auf das Angeführte. Nur die römischen Tempel sind mir anstößig, man findet diese auch auf den übrigen Karten des alten Frieslands. Ich kann mir die Sache nicht anders erklären, als indem ich annehme, die Gottheiten der Friesen seien, nach dem Vorgange der römischen Schriftsteller, durch Stellvertreter römischer Gottheiten bezeichnet, und diese, entweder durch die Römer selbst, die an diese Küsten verschlagen wurden, oder durch christliche Geistliche in Umlauf gesetzte Bezeichnung habe sich als ein gelehrter Theil in die ursprüngliche Sage gemischt und analogisch auf das verwandte römische Heidenthum zurückgewiesen. Maier hat die Namen dieser Gottheiten mit ihren Tempeln auf guten Glauben in seine Karte aufgenommen, die ja ohnehin keine streng historische, sondern eben nur eine Sagenkarte vorstellen sollte.

Aber ich will meinen Versuch zur Rettung der Maierschen Karte und des alten Sagenhelgolands nicht weiter ausdehnen, und nicht alle Wahrscheinlichkeiten dafür und dagegen erschöpfen. Von groben Widersprüchen mit geschichtlichen Nachrichten glaube ich wenigstens diese Karte befreit zu haben. Pastor und Schulmeister auf Helgoland können fernerhin den Pergamenten Trotz bieten, diese enthalten nichts, was die alte Sage von Helgolands ehemaliger Größe und Bedeutung vernichtigt und dieselbe völlig ins Reich der Erfindungen verwiese. Damit ist mein Zweck erreicht.

Grimma, gedruckt in der Reimer'schen Buchdruckerei.